坂本龍一 語録

Ryuichi Sakamoto Goroku

教授の音楽と
思考の軌跡

ぱる出版

はじめに

イエロー・マジック・オーケストラ（ＹＭＯ）での活動や、映画『ラスト・エンペラー』でのアカデミー作曲賞受賞などで広く知られる坂本龍一は、ガン闘病の末、２０２３年3月28日に71歳で亡くなった。クラシックを学び、東京藝術大学大学院まで進んだ彼は、ポップ・ミュージックの世界に飛びこみ、様々なスタイルの音楽を創作した。「教授」の愛称で親しまれ、音楽が評価されるだけでなく、若い頃にはアイドル的な人気も得る一方、後年は非戦、反原発など社会的メッセージを発信し、なにかと注目される存在だった。

本書『坂本龍一語録　教授の音楽と思考の軌跡』は、彼が残した言葉を解説したものである。坂本は、ミュージシャンだけでなく作家、批評家、芸人、ジャーナリストなど、幅広い分野の人々と交流があった。本書では、対談や座談会などで彼が誰かにむけた発言を選んでいる。なかには故人にむけた言葉もある。坂本の考え方や人柄をあらわしていると考えられるものを選び、相手との関係性とともに背景の解説を積み重ねることで、彼の多面性、全体像に近づこうとする試みだ。登場する32組に関し、音楽、文化、社会と章立てしたが、便宜的なものであり、内容が音楽と社会、文化と社会にまたがるような例は少なからずある。また、編集者の父・一亀の項目は、子にとって親は最初に出会う社会という観点から社会の章に加えた。本書が、坂本龍一と出会い直す一つの機会となれば幸いだ。

第1章

音楽

第2章

文化

第3章

社会

本文デザイン・DTP／城崎尉成（思机舎）

第1章 音楽

細野晴臣／高橋幸宏／矢野顕子／武満徹／高橋悠治／小泉文夫／山下洋輔／デヴィッド・ボウイ／忌野清志郎／小室哲哉／アルヴァ・ノト／デヴィッド・シルヴィアン／大貫妙子

細野晴臣に

YMOは少々乱暴に扱ってもいいいんでしょうね。

坂本龍一×細野晴臣「『細野晴臣トリビュート・アルバム』を語り尽くす」。NHK FM「音楽の美術館・サウンドミュージアム 坂本龍一」2015年4月29日放送。https://openers.jp/lounge/3174

２０１５年に『細野晴臣トリビュート・アルバム』が発表された際、ＮＨＫ ＦＭ「音楽の美術館・サウンドミュージアム 坂本龍一」で坂本と細野が同作を語りあった。アルバムには、高野寛、原田郁子、テイ・トウワ、□□□（クチロロ）など次世代のほか、音楽性からは意外な感もある東京スカパラダイスオーケストラ、海外からヴァン・ダイク・パークス、ジム・オルーク、同時代を生きた高橋幸宏、矢野顕子などが参加。坂本も嶺川貴子とともに細野晴臣・作、安田成美・歌の「風の谷のナウシカ」をカヴァーしたほか、コーネリアスと組み、細野と高橋が結成したスケッチ・ショウの曲をとりあげたのである。

トリビュートでは、はっぴいえんど、ソロ、ＹＭＯなど様々な時代の細野の曲が演奏され、本人のデモも収録された。番組では坂本と細野が、音源を聴きつつアレンジなどについて話した。その対話は、坂本「僕としては、僕たちがつくった『commons』からこんなにいいアルバムが出せて、本当にうれしいです」、細野「よかった、よかった」で終わった。坂本は、細野のトリビュートを、自身が２００６年に設立したレーベルから発表できることを喜んだのである。坂本63歳と細野67歳のトークは、和やかなものだった。

とはいえ、デトロイト・テクノの創始者でＹＭＯファンのデリック・メイに坂本が「80年代はぼくと細野さんは仲が悪かったんだ」と打ち明けたら、「１００年前から知ってる、ファンはみんなわかってる」と返された逸話もある。２人の軋轢《あつれき》は周知の事実だった。それから紆余曲折を経て、21世紀にＹＭＯ３人がゆるやかに再集合する過程で、ようやく和やかな関係を持てるようになったのだ。

それを踏まえたうえで先の番組でのやりとりを見直すと興味深い場面がある。トリビュートを聴いた彼らは、細野への愛情を感じた点で同意する。そのうえで細野はＹＭＯに関し「よくカバーされるけど挑戦的なのね、これに比べると」と述べ、坂本も「曲を大事にしていますよね、ＹＭＯに比べると（笑）」と応じる。冒頭に掲げた通り、坂本は、「ＹＭＯは少々乱暴に扱ってもいいんでしょうね」とも語った。細野は、「ヒット曲と、ちょこちょこやっているの差じゃないですか」と冗談めかしたが、ふり返ると、ＹＭＯをカヴァーする他のアーティスト以前に、メンバー自身が過去のＹＭＯに対し「挑戦的」で「乱暴に扱って」いたことに思い当たる。３人が過去のＹＭＯを素直に再現しなかったのは、繰り返しを嫌っただけでなく、細野に対する坂本の反発も背景にあったと推察される。

坂本は、幼少期からピアノに触れてクラシックを学び、東京藝術大学に入学し大学院へ進む過程で前衛的な現代音楽や民族音楽に親しんだ。並行して彼は、ポップスのセッション・ミュージシャンをするなかで細野や高橋と出会い、ＹＭＯを結成する。坂本は細野と出会う前、彼の曲にラヴェルやドビュッシーなどフランス近代音楽に通じるコード・ワークが出てくることから、クラシックの教養があると想像していた。だが、実際は異なり、細野はフランス近代音楽の影響を受けたアメリカの映画音楽やロックなどによってその種の技法を自分のものにしていたのだ。坂本は、音楽的教養とポップの勘所を熟知した細野に一目置くようになり、彼への敬意は終生変わらなかったといえる。

ただ、細野がはっぴいえんど、高橋がサディスティック・ミカ・バンドでバンド活動の経験を積んでいたのに対し、YMOへの参加を承諾したものの「個人の仕事を優先したい」といっていた坂本にとって、バンドは初めての体験だった。そのギャップは、坂本と細野の軋轢の導火線となった。YMOは、シンセサイザーの人工的な音色を用い、コンピュータによる自動演奏に人力演奏をあわせる形で、プレイヤーの身体性や個性をあえてカッコにくくる形で始まった。初期の彼らはインストゥルメンタルが多く、細野は匿名的な音楽を目指したと語っていたし、坂本も「僕は、自分を消すためにコンピュータを使いたかった」（『skmt 坂本龍一』１９９９年）とふり返っている。だが、YMOの海外公演成功が話題となり、作品がヒットして人気者になった彼らは顔を知られた有名人になる。YMOブームを決定づけたライヴ作が『パブリック・プレッシャー／公的抑圧』（１９８０年）と題されたのは、メンバーのストレスの反映でもあった。当初の自分の思いと反対の状況に追いこまれたのは、バンドに引きこんだ細野のせいだという八つ当たり的なものが彼への反発にあったと、後年の坂本は回想している。

しかし、坂本のデビュー作『千のナイフ』(1978年)の1ヵ月後、同作で彼が大々的に使ったテクノの手法も持ちこんだYMOのデビュー作がリリースされた。両作は、一連《ひとつら》なりの出来事に近かったのである。実際、YMOのライヴでは坂本のソロ曲も演奏された。細野との関係が悪化した時期に坂本は、「YMOをいわば仮想敵にして作りました」(坂本の自伝『音楽は自由にする』2009年)という『B-2ユニット』を発表したが、その代表曲「riot in Lagos」を細野は評価し、YMOのライヴで演奏するようになる。YMO自体、新曲は音楽性を変え、既存曲も音色や編曲を変えるということを続けていった。坂本の反発は、そうした進化に利用されたような結果になっている。このへんは、細野の強《したた》かさなのではないか。同様の図式は、軋轢が解消されないまま一時的に再生と称して再結成した『テクノドン』(1993年)の制作やライヴにもうかがわれた。「少々乱暴に扱っても」なにかを実現させてくれる独特の磁場。それが坂本にとってのYMOであり、細野だったのだろう。

髙橋幸宏に

全ては楽しい思い出として残っている。
たくさんの地に行き、たくさんの経験を共にした。

FM J-WAVE『RADIO SAKAMOTO』2023年3月5日放送。https://www.j-wave.co.jp/original/radiosakamoto/program/top.htm

掲げたのは、ＹＭＯの同僚であり音楽仲間であったと同時に、長年の友人だった高橋幸宏にむけた坂本龍一の言葉である。親しみの表現としてはありふれたものだし、それが追悼文であるとしても特に変わった内容ではない。だが、これは坂本がパーソナリティで20年続いたJ-WAVE「RADIO SAKAMOTO」の最終回（２０２３年３月）で流されたものなのだ。同番組の最後の数年は、ガンを患った主役の療養のため、彼と所縁のある人たちが代役を務める頻度が高まっていた。そして、最終回を任され追悼文の代読を頼まれたのは、過去に坂本と交際した時期がある大貫妙子だった。彼女は、脳腫瘍になりやはり闘病中だった高橋に自作曲「ふたりの星を探そう」（２０２２年）のドラム演奏を依頼し、結果的にそれが彼の最後のレコーディングとなったのである。高橋が２０２３年１月11日に亡くなったのに続き、坂本も番組最終回から３週間後の３月28日にこの世を去った。坂本は自身の死期が近いのを自覚しつつ、先に逝った長年の友への追悼文を共通の友人に託したわけだ。それを知ると、ありふれた言葉の重みを感じずにいられない。

坂本の著書やインタヴューによると、彼が高橋と初めて会ったのは、１９７７年の日比谷野外音楽堂でのこと。サディスティックスのドラムだった高橋を、山下達郎から紹介されたという。ケンゾーを着てスカーフを巻くなどファッショナブルな彼を見て、このような人間がロックをやるのかと呆然としたそうだ。その頃の坂本は、はきっぱなしのジーンズにゴム草履《ぞうり》、長髪にヒゲというきれいとはいいがたい姿ですごしており、あだ名は「あぶさん」だった(由来は、水島新司のマンガの主人公、あるいは酒のアブサンと伝えられる)。坂本が高校時代に学生運動でデモなどをしていた頃、高橋は青山通りあたりでダンスパーティをやっていたというくらい違う人種だった。だが、そのようにバックグラウンドは異なるものの同年齢の2人は間もなく仲よくなり、よく遊ぶようになる。

坂本と高橋は細野晴臣とともに1978年にYMOを始めるが、同年発表の各人のソロ作が、いずれもバンドへの重要な布石となった。細野『はらいそ』で、初めて3人がレコーディングをともにした。坂本『千のナイフ』のジャケット撮影で高橋がスタイリストを担当し、ロックは長髪という「あぶさん」の固定観念とは反対に髪を短くカットし、アルマーニのジャケット、リーバイスのジーンズでお洒落に変身させたのも有名な話だ。東京藝大大学院にいたことから「教授」という新たな愛称を与えたのも彼であり、坂本の以後のスタイリッシュでポップなイメージを作り出したのは、高橋といえる。

YMOへの伏線としてサウンド面で重要な転換点となったのは、高橋『サラヴァ!』である。彼にとって初のソロ・アルバムであり、メインで歌うのも初めてだった同作が、Y

MOでリード・ヴォーカルを担当することにつながる。もう1つ重要なのは、リズム面だ。『サラヴァ!』は高橋と坂本の共同プロデュースであり、坂本がキーボードや曲提供だけでなく編曲で力をふるった。細野も参加したその現場で、当時まだ一般的でなかったクリックが使われる。坂本と高橋がともにデビュー40周年を迎え、『サラヴァ!』のヴォーカルを新録した『Saravah Saravah!』をリリースした2018年に高橋は「RADIO SAKAMOTO」に出演し、かつてのレコーディングをふり返った。「『クリックに合わせてやってみよう』って教授が言って、僕も賛成して、細野さんも全然平気で、ただ松木さんが大反対で、超ブーイングで(笑)」と彼は証言する。松木とはギターの松木恒秀《つねひで》だが、彼以外の3人は、クリックにあわせることに順応したわけで、それがコンピュータの自動演奏に人の演奏をあわせるYMOのテクノ・ポップのスタイルにつながっていく。

YMOでは、高橋の鼻歌を坂本がメモに書き起こすなど、3人の協力体制がとられた。だが、やがて坂本と細野の間が険悪になると、高橋は2人の仲をとり持つ橋渡し役となった。坂本は、1983年に散開と称してYMOが解散してから初のソロ・アルバム『音楽図鑑』(1984年)の冒頭を飾る「TIBETAN DANCE」のドラムを高橋、ベースを細野に任せた。それだけ、このリズム隊を評価していたのだ。また、高橋の1980年代半ばまでのソロ各作には坂本が参加したし、坂本がＣＭ用に作った曲を高橋が気に入り、詞をつけ「回想」（『What, Me Worry?』１９８２年）として発表したこともあった。

望まぬ形で周囲から再結成に追いこまれた『テクノドン』（１９９３年）で意識がすれ違う３人は、ストレスを抱えたようだ。この時の東京ドーム公演では新曲のバックトラックの再現が難しく、ＭＩＤＩ機器での同期にこだわる坂本に「テープじゃダメなの？」といっても「そこにはこだわりたいって教授が言うんで」というやりとりがあったと高橋はふり返った（『ONE MORE YMO』２０００年のライナーノーツ）。クリックとの相性のよさから始まったＹＭＯの再結成が、音の同期で苦労するのは必然だったかもしれない。

２０００年代に細野と高橋がスケッチ・ショウを始動した際、「ぼくだけ置いてけぼりだ」（坂本龍一『音楽は自由にする』２００９年）と思った坂本は、音源を送り２人に採用されるなど自ら歩み寄り、それがゆるやかなＹＭＯ再々結成へ発展する。音楽全集『commons: schola』を監修した坂本は、５巻『Drums & Bass』（２０１０年）で細野と高橋に解説鼎談《ていだん》と選曲を依頼するなど、２人の演奏力と知識への信頼の厚さを感じさせた。

番組に送った追悼文で坂本が「間違いなくそれまでのぼくの知り合いにはいないタイプの人間だった」と評した高橋は、間違いなく坂本のそれからを変えた１人だった。

矢野顕子に

結婚するきっかけというのが、
ちゃんと仕事をさせてあげたいということでしたので、
家庭的な面はそんなに重要じゃなかったわけです。

坂本龍一「ファンとして、もっと仕事をしてほしい」。「月刊カドカワ」1986年４月号掲載。

引用は「月刊カドカワ」の「手記特集 共稼ぎ夫婦がうまくいくコツ」からであり、夫と妻がそれぞれ相手への思いを語っていた。この頃の坂本龍一と矢野顕子は理想の夫婦的な印象だったし、同誌では1988年3月号でも「教授と姫のスイートホーム・エッセイ」と銘打ち、坂本の「矢野を嫁にする方法」、矢野の「坂本を夫にする方法」という文と絵を掲載している。2人はしばしば自分たちの関係を語ったが「月刊カドカワ」は坂本や村上龍の友人の見城徹（角川書店退社後に幻冬舎設立）が編集長だったため、気安いノリだったかもしれない。坂本の女性関係が盛んなままだったのは本人の言動からうかがえたし、後には離婚した。当時の夫婦の言葉も対外的イメージに配慮した部分はあっただろう。

彼らが各所に残した発言によると、初対面は1976年。細野晴臣のバンドに矢野が加わり歌うことになった際、出演できなくなった松任谷正隆の代役が東京藝大在学中の坂本だった。「月刊カドカワ」1986年10月号の矢野インタヴューによると第一印象は「譜面はちゃんと読めるみたいだけど、汚いのね。なんかにおうのね（笑）」。ポップ・ミュージックの世界では坂本より早く活動を始めた彼女からみて、彼の演奏は未経験のため全体のアンサンブルを考えていないものだったと辛口に評価している。

1978年に矢野がコンサートをした際、細野の推薦で坂本を起用したら、彼はきれいになっていたそうだ。その後、YMOのツアーに矢野が参加し、彼女のアルバム制作に坂本が協力するなど交流が深まり、1980年に娘・美雨が生まれ、1982年に結婚した。坂本が述べたその理由が「ちゃんと仕事をさせてあげたい」だった。彼は自伝『音楽は自由にする』(2009年)で「矢野顕子という天才が、ぼくなんか手が届かないような特別な才能が、このままではだめになってしまうのではないか、それをぼくがなんとかできるのではないか」と考えたことを、勇気、男気という言葉を交え語っている。

2人とも再婚だった。矢野の初婚相手は音楽家の矢野誠であり、当時の姓を離婚後も使い続けたのだ。坂本と矢野誠は、大貫妙子の初期作で編曲を分担するなど、近い場所にいた。矢野たちには息子が生まれたが、前夫は妻に音楽の仕事をさせたがらなかったようである。一方、矢野顕子は前記インタヴューで「〝主人〟をバカにしてはいけません。前の結婚というのがそれで失敗しています」と話している。彼女は息子を連れ、坂本と再び音楽家同士の結婚をしたが、相手は自分の作品を褒めるのに自分は相手の作品に批判的になってしまうと明かし、彼に「音楽的に助言できるのは、私がいちばんだと思う」と自負を示した。坂本の方は学生時代に結婚したが離婚し、相手が最初の娘を引きとっている。

1980年代の矢野の作品を坂本は彼女と共同プロデュースして、深く関与した。矢野は坂本と出会う以前に山下洋輔や坂田明などのジャズ奏者や、細野晴臣などキャラメル・ママとセッションするなど、若くして経験を積んでいた。その意味では坂本の先輩だったのであり、3歳上の彼に対等以上に意見をいえた。坂本の元カノである大貫妙子が、自作で坂本の編曲に意見をいっても聞いてもらえなかったと証言するのとは関係性が違う。

娘・美雨のエッセイ『ただ、一緒に生きている』(2022年)によると、彼女が9歳だった1990年に家族がニューヨークに転居した後、坂本はやがて自宅にあまりいなくなり、いつの間にかフェイドアウトしたそうだ(かつて同居した大貫の部屋に帰らなくなった過去を連想させる)。美雨は13歳の時、矢野の連れ子だった兄とともに、自分にはそれぞれ母親が違う姉と弟(映画監督になった空音央)がいるのだと父から教えられた。坂本はその弟を産んだ女性と交際を続け、2006年に矢野と離婚した。だが、矢野のデビュー30周年だった2006年に糸井重里と「矢野顕子について、坂本龍一くんと話そう。」という対談をしている。2人と仕事をしてきた糸井は、信頼されていたのだろう。

坂本は離婚については触れぬまま、矢野の音楽家としてのすごさを中心に話している。彼は会う前から彼女の音楽を聴いており、いろいろ知識があるのだろうと想像したが、「ジャズとかロックとかだけじゃなくて、印象派とか現代音楽とかわかった上でやってるのかと思ってたら、全然わかってないんだね」と驚いたという。坂本がクラシックを理解していると想像した細野晴臣の教養が、アメリカ音楽から培われていたのと似ているが、矢野は細野以上に整理された知識からは遠かったようだ。坂本は彼女に関し「天才」という表現を繰り返す。また、彼は、矢沢永吉との作業がけだもの的な勘でのコミュニケーションだったことに触れ、矢野とのレコーディングもそれに近いと話す。さらに、矢野の歌が、詞とメロディを切り離せない一体のものである点で忌野清志郎との共通性を語る。

坂本が音楽を作る時、彼女からアイデアの提供はあったのかと問われると「音楽性はかなり違うんで、矢野さんと僕とは。そこのところは、はっきり別々な孤独な作業として分けて」と答えている。教養よりも勘、詞とメロディが一体の歌など、坂本が述べた矢野の「天才」は、理論で音楽をとらえ、詞が耳に入らず歌をサウンドとして聴いてしまう彼とかなり違う。それだけに音楽家として大きな刺激を受けたはずだ。2人の違いを踏まえたうえで坂本が、限られた期間とはいえ、矢野に「ちゃんと仕事をさせてあげた」ことは、共同プロデュースした彼女の『ごはんができたよ』(1980年)から『WELCOME BACK』(1989年)までの一連の作品にあらわれている。糸井との対談の最後で矢野へのメッセージを求められた坂本は、沈黙の後、「ともだちになろうよ」といっていた。

武満徹に

それで思ったのは、音楽の力ということです。
どんなに新しい技法や理論をうちたてたと言っても、
結局は人間が聴いて何かを得るということがないと、
残らないわけですね。

谷川俊太郎『谷川俊太郎が聞く　武満徹の素顔』2006年。2002年収録のインタヴューから。

これは、1996年に亡くなった音楽家・武満徹と長年の親交があった詩人・谷川俊太郎が、武満とかかわりのあった人々に故人について聞いたインタヴュー集で坂本龍一が発した言葉だ。坂本は1999年に自身初のオペラ『LIFE a ryuichi sakamoto opera 1999』を制作した際、20世紀の音楽を検証するという問題を設定したという。そのうえで100年後、200年後に残る音楽家は誰かと考えた時、「音楽の力」を思ったと語る。彼は、ブーレーズとメシアンは残るかもしれない、リゲティやビートルズも残るだろうと話す一方、「武満徹も絶対残るだろうと思います」、「圧倒的にその音楽の力が強いと思う」と強調した。だが、青年時代の彼は、武満を強く批判していたのだ。

坂本は現代音楽の聴き始めの体験として、小学4、5年生の頃、母に連れられ草月会館ホールで観たコンサートを繰り返し語っていた。松井茂・川崎弘二編著『坂本龍一のメディア・パフォーマンス　マス・メディアの中の芸術家像』(2023年)で坂本にインタヴューした川崎が調べ、本人に確認したところ、それは一柳慧《いちやなぎとし》も演奏に参加した1962年の「高橋悠治ピアノ・リサイタル2 Piano Distance」だったらしい。高橋悠治、湯浅譲二、ヤニス・クセナキスの作品とともに武満徹「コロナ」も選曲されていた。同書のインタヴューによると、坂本は中学から高校にかけて現代音楽のレコードをよく聴き、武満の素晴らしさもわかっていたが、彼より三善晃《みよしあきら》のファンだったと話している。

武満が琵琶、尺八を含めて作曲した代表作「ノヴェンバー・ステップス」は、1967年に小澤征爾の指揮でニューヨーク・フィルハーモニーによって初演された。それに対し坂本が、東京藝術大学在学中に武満を批判するビラを書いて撒《ま》いたのは有名なエピソードだ。邦楽器の使用が戦前的な価値観への回帰であり保守反動であるといった左翼的な見方から「ノヴェンバー・ステップス」に否を唱えたのである。最初は上野の東京文化会館で、二度目は軽井沢の野外で開催された秋山邦晴企画のイベントでビラを配ったという。その二度目には武満がビラを持ってきて批判を書いた本人に声をかけ、緊張しながら発した坂本の主張を聞き、しばらく立ち話をしたそうだ。武満が「ぼくは武満教の教祖であり、唯一の信者なんだよ」といったのが印象的だったと坂本は語っている（『坂本龍一のメディア・パフォーマンス　マス・メディアの中の芸術家像』）。

前記の通り、当時の坂本が憧れていたのは三善晃であり指導を受けたこともあったが、以後の坂本は三善より武満に言及する機会の方がはるかに多かった。坂本は自作のピアノ曲「分散・境界・砂」が1976年に高橋アキによって初演された直後、新宿のバーで出会った武満から同曲を褒められ、嬉しかったと回想している。『戦場のメリー・クリスマス』の音楽を武満が高く評価していると秋山邦晴から伝え聞いたのも嬉しかったと話している。坂本は武満の没後、「ほんとうは、武満さんのことをかなり好きだったっていうことです（笑）」（前掲書）と打ち明けていたのだ。1930年生まれの武満は1952年生まれの坂本龍一の22歳上で親でもおかしくない年齢だ。武満は大江健三郎や安部公房など多くの文学者と親交があった点で、編集者だった実父・坂本一亀《かずき》に近い領域にいたともいえる。反発と思慕が混じった武満に対する坂本の態度は、親に抱く感情と近いように思う。

坂本が残した発言を追うと彼自身が、武満と会ったことは少なかったようだ。だが、坂本の盟友、デヴィッド・シルヴィアンは、武満と友人になっていた。1991年にロンドンで武満とランチをする時にシルヴィアンは坂本を誘い、3人で会ったという。小津安二郎の映画の音楽が凡庸だから武満と2人で作り直そうと話して盛り上がったほか、3人で創作する約束をしたと坂本は証言している。だが、約束は実現しなかった。後に武満から仕事の依頼があったものの、石川セリのアレンジだったため断ったのだ（石川セリ『翼 武満徹ポップ・ソングス』1995年）。坂本は武満のポップスでの仕事を評価していなかった。かつて新宿のバーで松任谷（荒井）由実の曲を歌う武満を見かけた坂本は、「武満の感性ってさ、ユーミンとほとんど同じものを持ってる」（「音楽全書」1977年）と揶《や》揶(ゆ)したこともある。坂本が武満とのコラボレーションなら実験的なものと想定していたのに対し、相手は自身をポップスの人間ととらえていたという失望が彼にはあった。

逆にいえば後年の坂本は、現代音楽の作曲家として武満を尊敬し共感するようになっていたのだ。過去に日本回帰だと批判した「ノヴェンバー・ステップス」への評価も変化した。尺八を模した音など日本やアジアをパロディにしたYMO、『戦メリ』以後の国際的な活動を経た坂本は、日本で生まれながらも輸入された西洋音楽で育った音楽家は、いずれ日本の音楽とむきあわなければならないという必然性を考えるようになった。「ノヴェンバー・ステップス」の意義を認める立場になったのである。

そうした意識は、彼の晩年の創作に反映されていただろう。本を介した人物録『坂本図書』（2023年）で武満徹『音、沈黙と測りあえるほどに ほか』（1971年）をとりあげた際、「武満さんがやろうとしていたことを、数十年遅れて追いかけている自分に、少し戸惑いを覚えるが」（2019年）と語っていた。笙《しょう》を使った音楽と田中泯《みん》の舞踊、高谷史郎の映像で能楽を意識して制作されたシアター・ピース『TIME』（2021年初演）など最たるものだろう。同作には坂本が武満に見出した「人間が聴いて何かを得る」「音楽の力」への希求があったと思う。

高橋悠治に

なんか、若者はロックを聞くもんだっていうか、
自分たちはロックを聞くもんだと思ってて、
聞いてたフシがあるなあ、ずいぶん。

高橋悠治＋坂本龍一『長電話』1984年。

坂本龍一と現代音楽の出会いとして、小学生だった1962年に草月会館ホールで「高橋悠治ピアノ・リサイタル2 Piano Distance」を観て衝撃を受けたことが一つの原体験となっていることは、武満徹の項で触れた。以来、坂本は、高橋悠治のファンだった。海外に住んでいた高橋は、坂本が東京藝術大学音楽学部作曲科に入学した1970年に一時帰国する。坂本は父親の知人を介して高橋と会い、彼の私的なセミナーに参加するなどした。

修士課程在籍中には、坂本作のピアノ曲「分散・境界・砂」が、1976年に渋谷東邦生命ホールで開かれた「高橋アキの夕べ　六人の若い作曲家のピアノへの捧げもの」で初演された。演奏した高橋アキは、高橋悠治の妹。コンサートはピアノ調律師の原田力男《いさお》が企画し、無名の作曲家たちにピアノ曲の応募を呼びかけたものであり、選ばれた6曲に坂本作品が含まれていたのだ。同企画で武満徹が選曲のオブザーヴァーとなり、客席にもいたことを坂本は知らなかったという。以後も坂本と高橋兄妹は、接点を持つ。

坂本は大学時代からセッション・ミュージシャンを始め、仕事は増えていったが、それらはアルバイトであり、本職は現代音楽という意識があった。当時の坂本は民族音楽と電子音楽に関心があり、それがソロ第1作『千のナイフ』（1978年）に反映される。同作の「GRASSHOPPERS」は坂本と高橋悠治のピアノ・デュオだが、高橋がアルバムにもたらしたものは、それだけではない。後年、コンピュータを使った曲作りについて問われた坂本は、「高橋悠治とか、クセナキスの影響なんだけどね。確率の関数とか、ポアソン分布とかを使って、その単位時間内の変化を微分方程式で与えて……」(『YMO BOOK OMIYAGE』1981年)と答えている。『千のナイフ』と同年にデビュー・アルバムを発表したイエロー・マジック・オーケストラのメンバーとなることで、坂本はポップ・ミュージックのアーティストとして本格的に歩み出す。『千のナイフ』のライナーノーツには、YMOの首謀者・細野晴臣も寄稿していた。坂本はYMO散開後の「ミュージック・ステディ」1984年11月号で高橋悠治に興味を持つ理由として「数学と音楽の問題」をずっとやっていて「政治と音楽の問題」もやっていることをあげていた。面白いのは、そのインタヴューで「まあ最左翼に高橋悠治がいるとしたら、最右翼に細野さんがいるという」、「だから、もちろん僕と細野さんとが近い面もあるし、高橋悠治と近い面もあるしね。わりと、でも僕は行ったり来たりできる」と述べていたことだ。高橋と細野を現代音楽とポップ・ミュージック、それぞれを象徴するアーティストととらえていたのである。

坂本は1984年に個人出版社、本本堂を立ち上げる。初期の成果が、坂本と高橋の対談『長電話』(1984年)と、「政治と音楽の問題」をやっていた高橋の活動について坂本と浅田彰が編集したカセットブック『水牛楽団 休業』(同年。楽曲とパフォーマンスを収録したカセットテープ+談話や記録をまとめた本)だった。水牛楽団は、タイの抵抗歌を日本語で歌うことから始まって1980年に非専門的音楽集団として結成され、1985年に休業するまで様々な民族の抵抗歌を編曲し演奏した。ミニコミ「水牛通信」も発行され、坂本は同誌に日記を連載した。『長電話』は、前年にYMOが散開した坂本と、翌年に水牛楽団の休業を控えた高橋という、節目を迎えた2人の対談だったわけである。

だが、『長電話』は、かしこまったやりとりではない。書名通り、電話の長話の記録であり、通常の記事なら削除しそうな脱線、相槌《あいづち》、笑い、なにかを食べる音まで文字起こしされている。意図的に構成したのではなく偶発的な現象でもある「長電話」の作品化は、冗談みたいであると同時に現代芸術的な発想でもある。とはいえ、この企画はそれぞれが自宅にいたのではなく、2人とも石垣島の旅館に宿泊し別々の部屋から電話する形で行われた。そのためか、とりとめないようでいて散漫になりすぎない、絶妙な内容となっている。

多くのトピックが登場するが、やはり話題の中心は、音楽についてだ。対談で坂本は14歳上の高橋に対し、音楽をめぐる思いをあれこれ打ち明ける。ざっくばらんな態度であり、坂本にとって武満徹が現代音楽における親的な位置にいたとしたら、高橋悠治は歳の離れた兄貴分的な気安さがあったように感じられる。冒頭に引用した「若者はロックを聞くもんだ」と思って聴いていたという吐露は、そんななかで発せられた言葉だ。自分は現代音楽で育ったのであり、ＹＭＯの活動を経てもポップ・ミュージックの人にはなりきっていないという彼の実感がうかがえる。本を通して読むと、バンドから離れ本格的なソロ活動に踏みだしたばかりの坂本が、高橋に様々な問いを投げかけることを通し、自身の音楽観の輪郭を探っている印象がある。「新しいことを、求めてどんどん移り変わっていくのは、全然新しくない」、「歴史の発展とか、音楽の発展とかっていうことは、ぼくはないような気がするのね」などという言葉はそうだろう。「自分でなるべくなら歌いたいわけね」、「でもあんまり、歌という形で他人に伝えたいことはないわけね」という逡巡《しゅんじゅん》もそうだ。社会的メッセージがあった水牛楽団に強い関心を持ちつつ、「ぼくはね、たとえば音楽であれ何であれね、表現ていうのはやっぱり、主義主張とは違う次元のもんていう気がするけども、どうですか？」と高橋に問う場面など、今読み返すと面白い。思い惑う坂本が示した当時の論点には、社会的メッセージについてなど後年に姿勢を変化させた部分もあり、最近になって同書が復刊された意味があると感じさせる。そうした自身の思考の揺れを話せる現代音楽の先輩として、高橋は坂本には貴重な相手だったのだろう。

小泉文夫に

そういう時間性とね、
それから地方性ね、
ローカリティ、そういうの僕らの音楽は背負ってない。

「インドへの恋心」。初出「モノンクル」1981年7月号。小泉文夫ほか『音のなかの文化』1983年所収。

坂本龍一は小学生の頃からクラシック音楽を学び始めたが、高校生になった1960年代後半にはこの領域の行きづまりを認識し、その行きづまりゆえに生まれた現代音楽に親しんでいた。また、東京藝術大学時代からスタジオ・ミュージシャンとしてポップスに多くかかわるようになる一方、既存の権威的なクラシック音楽の外にある民族音楽や、電子音楽へ興味を広げ、それらがYMOでの活動につながっていく。この過程で彼に少なからぬ影響を与えたのが、民族音楽学者の小泉文夫だ。

1959年から東京藝大で民族音楽の講義をしていた小泉は、30数カ国以上を周り調査、録音した現地の音楽をラジオやテレビでも紹介していた。坂本の自伝『音楽は自由にする』(2009年)によると、彼は東京藝大で「とにかく民族音楽と電子音楽は学び倒してやろう」と心に決めていたという。学生運動、在学中の結婚(後に離婚)、演奏のバイトなどで忙しかった彼は不真面目な学生ではあったが、小泉の授業には欠かさず出席したと回想している。小泉がインド音楽を入口にして民族音楽研究を進めたのに対し、米英を中心とするポップ・ミュージックの世界ではビートルズがインド音楽に傾倒したのが契機となり、非西洋の音楽に関心を持つアーティストが増えていた。

日本のポップス界でそうした傾向を示した代表的な一人が、細野晴臣である。トロピカル三部作と呼ばれる『トロピカル・ダンディー』(1975年)、『泰安洋行』(1976年)、『はらいそ』(1978年)において彼は、アメリカ音楽とエキゾチシズムを融合した音楽を追求した。それを、サルサに対するソイソース(醤油)・ミュージック、ちゃんこ(ごった煮)+ファンキーのチャンキー・サウンドなどと称した。なかでも、細野晴臣&イエロー・マジック・バンド名義で発表された『はらいそ』は、YMOの萌芽的要素を持つ。

坂本と高橋幸宏も参加した同作では、沖縄民謡「安里屋ユンタ」がとりあげられ(後に坂本も『BEAUTY』〈1989年〉でカヴァー)、シンセサイザーが使用された。一方、『はらいそ』と同時期に録音された坂本のソロ第一作『千のナイフ』(1978年)は、細野以上に電子音楽を大々的に導入するとともに、中国の「東方紅」のフレーズの引用など、アジア的要素を意識した内容だった。「DAS NEUE JAPANISCHE ELEKTRONISCHE VOLKSLIED 新日本電子的民謡」と題された曲にそれは象徴的に示されている。民族音楽への関心を鍵とする『千のナイフ』の坂本のコンセプトに、小泉の影響があったのは確かだろう。

自分たちの音楽は、時間性や地方性を背負っていないとする、引用した坂本の言葉は、彼と細野、高橋の3人が小泉と対話した際、YMOの音楽の説明として発せられたものだ。座談会は、海外公演後に日本でヒットしたYMOが、あえてポップから遠ざかり、実験的な方向に進んだ『BGM』(1981年)を発表して間もないタイミングで行われた。小泉は同作の感想として、例えばピアノを聴けばそれを生み出した時代やヨーロッパの風土のイメージがどうしてもくっついてくるが、シンセサイザーにはそれがない、歴史的なものを背負っていないと話す。それに対し坂本は、冒頭に引用した言葉とともにシンセサイザーに関し「その『背負ってなさ』がおもしろいのね」と応じている。

この議論は、当時のYMOや坂本の音楽の性質をよく表現している。細野がソロのチャンキー・サウンドを経てYMOを発想する際には、アメリカのマーティン・デニーの影響が大きかった。デニーは南太平洋、ラテン、アジアの要素を融合し、架空の民族音楽ともいえるエキゾチカと呼ばれるサウンドを生み出した。こうした発想と、地域性を背負っていないシンセサイザーを多用した手法を組みあわせることによって、YMOのテクノ・ポップは出発したのである。それを象徴するのが、ファースト・アルバム収録のデニーのカヴァー「ファイアークラッカー」だった。

小泉との座談会で興味深いのは、世間の話題になったYMOのシンセ・サウンドに対し無機的な音楽、感情のない音楽との批判が寄せられたことについて、坂本が「感情のない音楽じゃなくてさ、僕らのやってるのは『感情のない感じ』とかね、『無機的な感じ』とかね」とコメントしたことだ。この言葉には彼らの「背負ってなさ」の質がうかがえる。感情がないかのように振る舞いつつも、人間の「感じ」にもとづく表現だというのだ。

座談の序盤で小泉が、背負わない音楽に関し、どういう風にもなる「なんでもなくなっちゃうという危険」を指摘する場面もあった。それに対し、坂本は、共同体から切り離された音楽が世界にむかって開かれる可能性に言及する。また、細野は、インド音楽への関心など自身のオリエンタル志向は文化的つまみ食いではなく、それを通じて人間の共通部分、地球規模の音楽に至るのを期待するからだという。一連の発言には、当時の二人の考え方がそれぞれよく表れていた。

小泉は座談の二年後、YMOが散開した1983年に肝不全のため56歳で亡くなった。ソロになった坂本は、以後も民族音楽への関心を持続するが、世界各地のミュージシャンと実際に交流し共演するなかで、地方性や時間性をカッコにくくるよりもむしろ意識した活動へシフトしていく。地雷除去のチャリティのためのユニット、N.M.L.『ZERO LANDMINE』(2001年)で地雷埋設地域のミュージシャンを起用したことなど最たるものだろう。民族音楽をめぐる小泉の影響は、形を変えつつ長く続いたのである。

山下洋輔に

逆に言うとね、西洋音楽の「繋留」という場合、
繋留しているその前があり、
解決するためにはその次があり、
ということで、直線的で継起的な時間をそこでもう表している。
だから非常に、言ってみれば一神教的というか、
そういうものなんですよ。

坂本龍一・山下洋輔・大谷能生「複数が共生するための音楽」。坂本龍一監修『commmons: schola vol.2 YosukeYamashita Selection:Jazz』2009年所収。

坂本龍一は、インタヴューや著書で、高校に入って新宿のジャズ喫茶に通うようになったと回想している。1967年のことだ。彼はセロニアス・モンクやエリック・ドルフィーも好きだったが、一番好きだったのはジョン・コルトレーンだという。このジャンルではフリー・ジャズが盛んになった時期であり、坂本は新宿ピットインなどで山下洋輔の演奏をよく聴いたそうだ。ピットインには、民族音楽学者・小泉文夫による日本のわらべうた研究に依拠して山下が書いた「ブルー・ノート研究」という冊子があり、小泉に傾倒していた坂本はすぐに買ったのだった。

夭折《ようせつ》したフリー・ジャズのサックス奏者・阿部薫と坂本は、1970年代半ばにセッションした。だが、時代の趨勢《すうせい》としては、前衛的なフリー・ジャズは袋小路に陥り、ジャズに関してはロック、ラテン、ファンクなどとの融合を図り、アコースティックからエレクトリックへ移行したフュージョン、クロスオーヴァーが隆盛になっていく。坂本も、渡辺香津美が中心となったグループ、KYLYNに参加するなど、フュージョンでの演奏にとり組んだものの、このジャンルのテクニック志向や汗をかく肉体性には批判的な考えを持っていた。彼は、同時期にYMOのメンバーとなり、そちらの路線を主軸としていく。コンピュータの自動演奏にあわせて人力演奏し、インストゥルメンタル主体に活動する。

初期のＹＭＯのライヴには渡辺香津美が参加していたし、フュージョンのイヴェントにも出演した。しかし、今からみれば彼らはフュージョンのパロディのようでもあった。

以後もそうだが、坂本はジャズとかかわりがなくはないものの、本筋にはしなかったアーティストだ。とはいえ、坂本と山下の交友関係は重なっており、ＹＭＯのマネージャーで若くして事故死した生田朗《いくたあきら》が大学時代に山下の事務所でアルバイトしたという縁もあった。このため２人には交流があり、ピアニスト同士として共演する機会もあった。

２００８年から坂本龍一監修で音楽全集「commons: schola」が発行された。巻ごとにテーマを設け、専門家とともに厳選した曲のＣＤと、坂本出席の座談会を中心とした解説ブックレットから構成されたものだ。座談会と楽曲セレクトを担当する専門家には、クラシック関連で浅田彰、小沼純一、Drums & Bassで高橋幸宏と細野晴臣が参加するなどしたが、ジャズの巻（２００９年）で招かれたのは、山下洋輔と大谷能生《よしお》だった。山下は、ピアノのひじ打ち演奏などでフリー・ジャズのイメージが強いが、国立音楽大学でクラシックの作曲理論を学んでおり、企画にふさわしい存在である。大谷はサックス演奏と評論を行っており、同じくサックス奏者の菊地成孔《なるよし》との共著によるジャズ関連書でも知られる。

座談会で話題となった様々なテーマのいくつかが、ほかの領域で坂本が興味を示したテーマとの関連を感じられるのが興味深い。例えば、ジャズはアフリカ起源の音楽がアメリカで西洋音楽と出会って生まれたと一般的に説明される。だが、ジャズのルーツとされるブルースの音型はアフリカに見当たらず、ジャズの特徴といえる即興に関しても、アフリカ音楽はパターンが決まっていて即興性は薄いと坂本は指摘する。彼はジャズにとってのアフリカを「失われた故郷のような、ファンタジーだね、言ってみれば」と語る。

以前から人類学に関心があった坂本は、アフリカを訪れていた。2001年のアメリカ同時多発テロにニューヨークで衝撃を受けた後は、人間発祥の地であるアフリカへの興味をいっそう深めた。また、熟年になって以降の坂本は、日本への思いを強め、山下たちとのこの座談会の翌年、中沢新一との共著で『縄文聖地巡礼』(2010年)を刊行している。歴史、ルーツに関する探究心が高まっていた時期なのだろう。

また、理論というテーマも座談会で重要な位置を占める。山下がジャズの理論は経験則であり、理論で整理される効用はあるというと、坂本は「理論が音楽を作るわけじゃないですよね」、「完全に理論に収まっている音楽というのはないと思いませんか?」と応じ、山下も同意する。そういう坂本は、かつて阿部薫と演奏している途中、客の前で彼と議論を始めたエピソードを披露していた。少年時代から東京藝大へという過程で坂本は、音楽理論を学び、現代音楽への共感が生まれた。そのなかで大きかった問題意識が、この項で引用した「西洋音楽の『繋留』という場合、繋留しているその前があり、解決するためにはその次があり」という旧来のあり方だった。簡単に表現すれば、不安定な宙吊り状態から安定した状態に着地する進行のことであり、その「直線的で継起的な時間」への疑問が、時間という坂本の生涯におけるテーマの中心にある。

大谷が「解決しないって感覚が、おそらく20世紀の音楽が持ってる大きな特徴」と整理した通り、ブルース、モード・ジャズ、フリー・ジャズが解決しない音楽として議論される。坂本が注目したジョン・ケージ以降の現代音楽、ミニマル・ミュージック、ファンク、民族音楽は、その特徴を共有する。また、座談会で坂本が小学生の頃、高橋悠治による現代音楽の演奏を目撃した話をすると、山下は会場だった草月ホールでは同時期に実験的なジャズを試みる人たちもいたと語った。解決しない、直線的ではない時間というテーマをフリー・ジャズは共有していたのであり、坂本にとって日本でのその代表が、十歳上の山下洋輔だった。坂本は、2019年の「山下洋輔トリオ結成50周年記念コンサート」にゲスト参加し、山下作「HAIKU」（1989年）を彼と即興演奏したことを、以前の交流も含め『ぼくはあと何回、満月を見るだろう』（2023年）で懐かしそうに回想している。

デヴィッド・ボウイに

日本のアンバランスなところを、たくさん見ていって下さい。

「ジギー・スターダストはロスにウッチャッてきたよ」初出「ニューミュージックマガジン」1979年２月号。『ミュージック・マガジン６月増刊　坂本龍一　本当に聴きたい音を追い求めて』2023年所収。

坂本龍一は、映画『戦場のメリークリスマス』（1983年）で役者としてデヴィッド・ボウイと共演する前に、彼にインタヴューしていた。その時の聞き手としての発言だ。ボウイの来日公演があった1978年12月の取材であり、坂本は同年10月にソロ第一作『千のナイフ』、YMOでも11月にデビュー作『イエロー・マジック・オーケストラ』を発表していた。当時のボウイのツアーは、主にベルリンで録音した『ロウ』（1977年）、『ヒーローズ』（同）を中心に、グラム・ロック期の曲を混ぜた内容だった。『ロウ』は、ジャーマン・ロックに影響されたシンセサイザーのサウンドが目立ち、ヴォーカル曲にはブラック・ミュージック由来のファンキーな要素がある一方、アルバムの半分は少しのスキャットしか入らず、ロック的なビートもないインストゥルメンタルという構成だ。その頃のロックとしては実験的であり、『ヒーローズ』も方向性を受け継いでいた。

世界が、米ソ冷戦の最中であり、ドイツという国家も中心都市ベルリンも東西に分かれていた時代である。ボウイが録音に使用したハンザ・スタジオは、東西分断の象徴だったベルリンの壁の近くにあった。インタヴューで彼は、壁があり互いに銃をむけあう摩擦の環境が、むしろ内省的で平和な音楽を作らせたと話している。掲載誌には、インタヴュー記事に加え、取材後の坂本の談話も載っていた。平和な音楽というよりは恐ろしい、精神が波立っている作品だといいつのる聞き手に対し、ボウイが通訳なしでお前のいうことはよくわかると答えたことが、坂本は嬉しかったといっている。

ボウイは、『ヒーローズ』は『ロウ』より混乱しており不吉な部分を含むといい、似た観点に立っているものとして、庭の滝に犬の死体が引っかかっているという三島由紀夫の小説の一場面をあげた（『豊饒の海』第一巻『春の雪』）。坂本の父・一亀が三島も担当した編集者だとボウイに伝わっていたかどうかは不明だが、そんなやりとりがあったうえで、坂本の「日本のアンバランスなところを〜」発言となる。

ブラック・ミュージックやジャーマン・ロックの影響とベルリンのアンバランスな環境からの刺激を受け『ロウ』を作ったボウイに対し、坂本はソロでもYMOでも、アメリカのポップ・ミュージックやヨーロッパのクラシック音楽の要素と東洋的な音階を組みあわせ、アジアにありながら欧米化する日本を表現していた。前記の発言は、そうした地域横断的発想の近似を相手に感じてのものだったと思われる。発言に対しボウイは「これ以上もっと？（笑）」と返し、坂本がいわんとすることを理解している様子だった。

坂本とボウイは、大島渚監督『戦場のメリークリスマス』で共演する。ヴァン・デル・ポスト『影の獄にて』を原作とした同映画は、二・二六事件に参加しそこねた人物の設定や同性愛など、三島由紀夫に近しい要素があった。坂本は日本軍俘虜収容所長のヨノイ大尉、ボウイは俘虜となった英国陸軍のセリアズ少佐を演じた。いってみればボウイは、戦時下で日本のアンバランスさを体験する役だったのである。

坂本の回顧インタヴューによると（『「戦場のメリークリスマス」知られざる真実　「戦場のメリークリスマス30年目の真実」完全保存版』２０２１年）、ラロトンガ島での撮影中のボウイは、フランクな態度でいろいろなことを話したという。坂本がドラムを叩き、ボウイがギターを弾き、古いロックンロールを歌うこともあったそうだ。だが、坂本が映画のサウンドトラックを作る際、ボウイに参加を求めたが、彼はこの作品に役者としてだけ関わりたいと応じなかった。以後も二人の音楽における公的共演は実現しなかった。

過去の坂本の言葉を読み直すと、彼はグラム・ロックやパンク・ロックをロックンロールの亜種以上にとらえていなかったようだ。坂本は、ボウイや、彼と同じくグラムで頭角を現したロキシー・ミュージックへの興味を示していた。だが、それはポップ・ミュージックにおけるエレクトロニックな手法やアンビエント・ミュージックの先駆者であり、ロキシーの初期メンバーで、後にボウイの『ロウ』、『ヒーローズ』の製作に深く関与したブライアン・イーノへの関心によるところが大きかったのである。

ＹＭＯが活動した１９７０年代後半から１９８０年代前半には、イギリスでニューウェイヴの一種であるニューロマンティクスが台頭した。ファッショナブルで男性がメイクした彼らは、グラム・ロックのリヴァイヴァルだったし、同時期のエレポップと地続きの動きでありシンセを使う例が多かった。ジャパンやデュラン・デュラン、ウルトラヴォックスなど、ニューロマンティクスのグループの大半が参照したのは、ボウイやロキシーだったといっていい。ＹＭＯも、同時期の海外動向を視野に入れ、日本版ニューロマンティクス的な音楽製作や振る舞いもしていたのだから、ボウイとは親近性があった。

しかし、「禁じられた色彩」で『戦場のメリークリスマス』のテーマ曲に歌を乗せたのは、ジャパンのデヴィッド・シルヴィアンだった。また、坂本が「リスキー」（『NEO GEO』１９８７年）でイギー・ポップを起用したことも思い出される。ボウイは、イギーをプロデュースし、彼のツアーにキーボードで帯同するなど、二人は同志的関係だった。ゆえにファンとしては、「リスキー」をボウイが歌った可能性なども想像してしまう。

ボウイは、２０１６年に肝臓癌で死去した。69歳だった。坂本は２０１８年の「ザ・ガーディアン」のインタヴューで、同じニューヨークに住んだのにボウイと旧交を温めることができなかったのは「とても残念です」と語っていた。

忌野清志郎に

音楽って、社会とか時代によって機能が変わりますよね。
同じハーモニー、ビートでやっていても、時代が変わって、
そこにポンと置かれると、
昔は反抗の音楽だったものが癒しになってしまったりとか。

「時代とうた」初出「週刊金曜日」1999年10月15日号。『KAWADE夢ムック　総特集 忌野清志郎　デビュー40周年記念号』2010年所収。

忌野清志郎と坂本龍一は1982年にコラボ・シングル「い・け・な・いルージュマジック」を発表し、オリコンのシングルチャートで1位を記録する。当時、忌野はRCサクセションで、坂本はYMOでヒットを飛ばしていた。どちらも若者に人気のグループだった。だが、フォークで出発したRCサクセションは、ブルースをベースにしたロックンロールに移行してブレイクしたのであり、テクノ・ポップのYMOとは音楽性が違っていた。坂本は少年期にビートルズと同等以上にローリング・ストーンズに衝撃を受けたというが、ストーンズの影響も感じさせるロックンロールを追求していた忌野とは、表現手法で遠い場所にいたのである。それだけに二人のコラボは、音楽ファンに注目された。

坂本は日本語で歌ったソロ・アルバム『左うでの夢』(1981年)制作時、まだ面識がない忌野に作詞を依頼し実現しなかった。音楽性の違いから忌野側が慎重になったためだという。だが、資生堂のCMソングとして二人のコラボが企画され、ディレクターの牧村憲一が仕掛け人となり実現した。「T・レックスやりましょう」と牧村が提案し、グラム・ロックを意識した曲調になった。レコーディングにはRCサクセションのギタリスト・仲井戸麗市も「井戸端矮鶏」の変名で参加。クライアント側は口紅のキャンペーン・ソングとして「すてきなルージュマジック」の曲名で依頼したが、忌野と坂本が作ったのは「いけないルージュマジック」であり「い・け・な・い」の表記にして承諾を得た。

女性向け商品のCMソングを男性に歌わせ、そのミュージック・ヴィデオはメイクした二人が札束をばらまき、キスするものだった(演出は川崎徹)。化粧品のプロモーションの曲としては、破格の内容である。音楽番組に生出演した際にも忌野は、キーボードを弾く坂本の顔をなめ回したり、床を転げ回るなどやりたい放題だった。確かに「い・け・な・い」パフォーマンスだったといえる。翌年、坂本は映画『戦場のメリークリスマス』でデヴィッド・ボウイとの抱擁、(頬にされるだけだが)キスを演じ話題になる。男性の同性愛を少女向けのエンタテインメントとして提供した雑誌「JUNE」が読者を獲得し、後にBL(ボーイズラブ)と呼ばれるカルチャーが知られ始めた時期である。「い・け・な・いルージュマジック」は、そうした風潮にも合致していた。

その後、忌野は、反原発を題材にしたRCサクセション『COVERS』(1988年)が所属する東芝EMIから発売を拒否され、別会社からのリリースでかえって注目される。1990年代以降に反戦、環境保護を訴えるようになった坂本と同様に忌野も、社会的メッセージを発するようになっていた。冒頭に掲げた、音楽の機能の変化に関する坂本の発言は、二人がそのように変化した後に筑紫哲也、忌野と行われた鼎談から引用したもの。「い・

け・な・い」だけでなく、良識的な面もあるとみられるようになった忌野と坂本が、報道番組（『筑紫哲也NEWS23』）のキャスターと話すのは、不思議ではなかった。

鼎談は、国旗国歌法が制定された1999年に忌野が「君が代」のパンク・ヴァージョンを発表し議論を呼ぶ一方、坂本が二十世紀の歴史をあつかった自身初のオペラ『LIFE a ryuichi sakamoto opera 1999』を制作したタイミングで行われた。パンク版「君が代」を収録した忌野清志郎 Little Screaming Revue『冬の十字架』は、ポリドールがクレームを恐れ発売を中止したため、インディーズから発売された。『COVERS』と似た経緯である。「君が代」をパンクにした背景として忌野は、かつてジミ・ヘンドリクスがアメリカ国歌をエレキ・ギターの轟音で演奏して社会に衝撃を与え、支持も反発もあったのを意識したことを説明した。坂本は、ジミヘンがウケたことで、むしろ国歌が親しまれるもとになったと指摘する。また、音楽はどうにでも意味をとれるものだという話題から、音楽が癒し商品のごとくあつかわれるようになり、三共「リゲイン」のCMで使われた自作「energy flow」がヒットして以来、自身が「癒しの音楽の教祖」とみられる違和感を吐露した。

「昔は反抗の音楽だったものが癒しになってしまったり」という坂本に対し、忌野は「昔、ビートルズなんか聞くのはとんでもなく不良っぽい感じがあったけど、今はおっさんと若者の架け橋みたいな感じですよね（笑）」と応じる。また、坂本が『LIFE』本編終了後の客出しでジミヘンの曲を流したところ、インターネットの感想で「最後に穏やかなロック調のものがかかった」と書かれたと笑う。忌野「ほんと!? いやですねえ（笑）」、坂本「無知もいい加減にしろって感じだよね」と会話は続いたが、やりとりには「反抗の音楽だったものが癒しに」なることへの戸惑い、苛立《いらだ》ち、諦念《ていねん》で共感する様子がうかがえる。

過去に「い・け・な・い」キャラクターだった当人たちも、変化していた。ロックやテクノからピアノ、オペラ、映画音楽などクラシック寄りのスタイルに軸足を移した坂本は、本人がどう考えようと癒しのイメージが強まっていた。息子の視点から働く父親の姿を歌った「パパの歌」（1991年）が清水建設のCMで流布して以来、忌野は家庭人としての優しい顔も世間に広まった。それらは歳を重ねることに伴う、自然な成熟でもあっただろう。2006年に喉頭ガンであると発表した忌野は音楽活動休止、闘病、復活、転移などを経て2009年に死去。同年放送のTBSラジオ「坂本龍一が語る忌野清志郎君が僕を知ってる」で坂本は、忌野の魅力について「詞と歌が未分化の状態」、「そういう原初的な状態をもう一度呼び起こしてる」と評した。坂本が中咽頭ガンだと公表したのは、2014年のことだった。

小室哲哉に

日本人の耳をね、教育しちゃったとこがあって。
あの、まあ、僕なんてちょっと困るとこもあるんだけど、
教育されちゃうと。

フジテレビ『TK MUSIC CLAMP』1995年6月1日放送。https://www.fujitv.co.jp/TKMC/BACK/TALK/r_sakamoto.html

坂本龍一は、1994－1995年にお笑いコンビのダウンタウンの変名ユニット、GEISHA GIRLSをプロデュースした。いずれも坂本作の第一弾シングル「Grandma Is Still Alive」はオリコン15位、セカンド・シングル「少年」は35位、彼のほかにテイ・トウワ、アート・リンゼイ、BOREDOMSなどもかかわったアルバム『THE GEISHA GIRLS SHOW 炎のおっさんアワー』も1位を記録した。松本人志と浜田雅功が着物と鬘《かつら》、濃いメイクで芸者めいた扮装をしたこの企画ものは、話題になったのである。

プロジェクトは、坂本がフォーライフ・レコードに移籍し、『スウィート・リヴェンジ』を発表したのと同時期だった。レーベルも一緒だ。『スウィート・リヴェンジ』は、俳優で歌手の今井美樹に大貫妙子作の詞を歌わせた「二人の果て」をシングルにするなど、日本市場を意識していた。この路線は翌年の『スムーチー』にも引き継がれ、坂本は同作で歌ったやはり俳優の中谷美紀のソロ作のプロデュースをしばらく続け、「砂の果実」（1997年、オリコン10位）のヒットを生む。1990年代半ばの彼は、ニューヨークを拠点にしたままだったが、Jーポップと正面からむきあう姿勢をみせた。人気者のダウンタウンをプロデュースしたのも、そうした流れの一コマである。

しかし、『THE GEISHA GIRLS SHOW 炎のおっさんアワー』で「炎のミーティング」を坂本と共作した小室哲哉が、同時期に浜田のソロ・シングル「WOW WAR TONIGHT 時には起こせよムーヴメント」（H Jungle with t名義）を作詞・作曲、プロデュースし、オリコン1位かつダブル・ミリオンの売上を達成する。1990年代の小室哲哉＝TKは、多くのユニットや歌手を次々にヒットさせ、チャート上位の多くを占める売れっ子プロデューサーだった。なかでも同曲は、セールス面で代表作となった。

GEISHA GIRLSは、ヒップホップ、ハウス、テクノを基調とし、坂本やテイ・トウワの当時の音楽志向が現れていた。とはいえ、芸者の扮装からわかるようにお笑い企画にすぎず、ラップはがなるばかりで「炎のミーティング」はインストゥルメンタルに会話を乗せただけ。普通に歌ったのは「少年」などわずかだった。一方、「WOW WAR TONIGHT」は、ジャングルのリズムにJ－ポップのメロディをかけあわせて浜田に若者の夢を歌わせ、新時代の青春歌謡の趣《おもむき》があった。大御所になった世界のサカモト以上にTKプロデュースがヒットしたことは、ポップの世界での世代交代を感じさせたのである。

「日本人の耳をね、教育しちゃった」発言は、そんな時期に坂本が、小室がホストを務めるテレビ番組に出演し、相手に投げかけたものだ。小室の一連のヒット曲は、従来は不自然とされたコード進行、転調でハッとさせるのが特徴であり、不自然を当たり前にした。

「教育」とは、そのことを指す。音楽を聴く耳は「教育」で変わると、坂本はＹＭＯ時代から繰り返し語っていた。彼自身、かつては無機的と批判されたテクノを一般的にしたアーティストだった。１９８０年代の坂本は、「教育」する側だったのだ。

ＹＭＯが１９８３年に散開したのに対し、１９７０年代からプロの音楽活動に入った小室は、１９８４年にTM NETWORK（後にＴＭＮ）としてデビューする。シンセサイザー主体のトリオだった点で新世代のＹＭＯ的な見られ方もしたＴＭＮを経て、１９９０年代の彼はプロデュース活動に仕事の軸を移す。シンセとプログラミングを中心にしつつ、英米のダンス・ミュージックを意識したリズムと組みあわせ、Ｊ－ポップの新たなスタイルを作り出す。初期ＹＭＯが１９７０年代の海外のディスコ・ミュージックを一つの着想源としたことをふり返ってみても、確かに時代は移り変わったのである。

１９９５年に小室中心に催されたイベント「avex dance Matrix '95 TK DANCE CAMP」には坂本もゲスト参加し、ＹＭＯ「BEHIND THE MASK」を共演した。１９９７年に坂本は、「小室さんを批評する人はね、パターンだけで作ってる人とか、いろんなことを言うし、そういう面もあるんだけど、一見あたりまえのコード進行でもってきても、必ず小室になっている」（J-WAVE『güt on-line』）とラジオで話し、評価する姿勢を示した。

先述の「教育」発言があった対談は、『With t 小室哲哉音楽対論 Vol.1』（1995年）に収録され、未編集版がネットで読める（https://www.fujitv.co.jp/TKMC/BACK/TALK/r_sakamoto.html）。面白いのは、坂本が矢野顕子との娘・美雨について語っていたことである。1980年生まれの娘は、YMOやクラフトワークなどテクノを子守唄に育ったが、15歳だった対談当時は小室ファンになっており、すっかり「教育」されてしまったのだという。

山下邦彦は『楕円とガイコツ 「小室哲哉の自意識」×「坂本龍一の無意識」』（2000年）で、坂本龍一 featuring Sister M「The Other Side of Love」（1997年）では、小室作の渡辺美里のヒット曲「My Revolution」と同じ転調が使われていると指摘している。坂本が小室のコード進行を真似たと山下が指摘する同曲を歌ったSister Mが、小室ファンの美雨であったのを踏まえると、それは意図的だったのかもしれない。「The Other Side of Love」とは詞を変え、「砂の果実」（1997年）に改題して中谷美紀が歌った同曲カヴァーは、1990年代のJ-ポップ分野における坂本の代表的ヒットとなった。この頃以降、彼が歌もののポップスから遠ざかっていったのは、同時代の音楽界での自分の立ち位置について、感じるところがあったのだろう。

アルヴァ・ノト
（カールステン・ニコライ）に

音楽の伝統に対して、
何か新しいことをやりたいと思っていたのに、
その何かが分からなかった。
でもあのとき、
その壁を壊したかなって気分になりました。

「出会いから20年、坂本龍一とAlva Notoが語るイメージなき創造の立地点」2018年「WIRED」https://wired.jp/2018/07/21/sakamoto-alvanoto-sonar2018/

坂本龍一は『ぼくはあと何回、満月を見るだろう』（2023年）で「自分には友達がいない」が口癖だったと回想しつつ、入院中に考えたところ、本当に困った時に相談したい人がアメリカ、ヨーロッパ、日本に何人かいると思い当たり、幸せを感じたと語っている。頼りになる友人の一人に彼は、アルヴァ・ノト名義で音楽活動をするカールステン・ニコライをあげた。坂本は彼と最初に作った『Vrioon』（2002年）以来、ライヴアルバムの『TWO』（2019年）まで断続的にコラボを続けた。1998年にダムタイプの池田亮司からニコライを紹介されたのが初対面というから、20年以上の交流だ。

坂本は、YMO時代にテクノ・ポップで有名になり、1990年代以降のソロやYMO再生ではクラブ・ミュージックとしてのテクノやハウス、それらと表裏一体にあるアンビエントに接近した。一方、アルヴァ・ノトは、一般的なダンス・ミュージックとは異なりエクスペリメンタルでエレクトロニカ、グリッチ、ミクロサウンドなどと呼ばれる電子音楽を創作していた。1990年代後半にはその種の音楽が注目され、坂本も2002年にエレクトロニカ路線の『COMICA』を発表している。先述の『Vrioon』も同年リリースだ。YMOなど1970年代末に活動を始めたテクノ・ポップ、エレ・ポップのアーティストはみな、クラフトワークや、彼らを筆頭とするジャーマン・ロックに触発されてベルリンで録音したデヴィッド・ボウイ『ロウ』の影響が大きかった。旧東ドイツ出身のニコライは、そうしたドイツの電子音楽の伝統に新しい展開をもたらす存在だった。彼の実験性は、ポップスの世界に浸かる以前に坂本が興味を抱いた現代音楽における電子音楽に通じる部分があったといえる。坂本はポップスのフォーマットから遠ざかり、『BTTB』（1998年）でピアノ音楽という「Back To The Basic（原点回帰）」を打ち出す。続くエレクトロニカへの接近は、現代音楽への原点回帰という面があったと推察される。

坂本は、次世代のエレクトロニカのアーティストではフェネスとも複数の共作を発表した。また、細野晴臣と高橋幸宏が2002年に結成したスケッチ・ショウに坂本がゲスト参加したのがきっかけで3人の共演が再び増え、バンド名を変えながらゆるやかにYMOの再結成へとつながった。当時の3人の共通点にエレクトロニカへの興味があったのは確かだ。そうした一連の動きがあったなかでニコライとのユニットが最も長く続いたのは、互いの気があったこと、大人数がかかわるプロジェクトではなく2人のやりとりで進められる身軽さが、理由にあげられるだろう。

2000年代初頭は、坂本の意識が変化した時期でもある。2001年9月11日のアメリカ同時多発テロと報復としての同国によるアフガニスタン攻撃という世界の激動を受け、彼は「非戦」を訴えるようになる。この時期の坂本が志向したのが、覚えやすいメロディや踊りたくなるリズムといった派手さや騒々しさとは遠い、わかりやすい形がなく静《せい》謐《ひつ》さと繊細な鋭敏さを持った音響重視のサウンドだった。哀しみや怒りなどの感情を過度に表現しない音楽である。坂本は、映画音楽でもメロディが少ない抽象的な方向へ進んだ。その一つの達成が、アレハンドロ・ゴンザレス・イニャリトゥ監督から依頼された『レヴェナント：蘇えりし者』(2015年)だ。闘病中だった坂本はニコライに協力要請しサントラを完成させた。さかのぼればニコライは、『Revep』(2006年)の「ax Mr. L」で坂本の「戦場のメリークリスマス」を素材として使うことを提案し元のフレーズを解体していたのだから、非メロディ路線のサントラに誘うのに適した人材だった。

かつて坂本は、YMOを仮想敵に作り攻撃的だった『B－2ユニット』(1980年)の次に、本人のヴォーカルを多く入れ、柔らかな音色の『左うでの夢』(1981年)を制作した。その際、糸井重里は「スナオ・サカモト」というキャッチコピーをつけた。それに対し、これみよがしな部分がないニコライとの一連のコラボに、21世紀版「スナオ・サカモト」といった印象があるのは、2人の制作スタイルに起因するだろう。

出発点の『Vrioon』は、坂本がピアノの即興演奏をファイルで送り、ニコライがエレクトロニクスで応答する形で始まった。だが、一連のコラボでは坂本がピアノを弾くばかりでなく、彼もエレクトロニクスを操って応答する部分があり、ライヴでも即興の余地はあった。２人の手法の柔軟さも「スナオ」な印象につながっているだろう。

本項目の最初に引用した坂本の言葉は、ニコライとともに彼らの20年間をふり返ったインタヴューからであり、「でもあのとき、その壁を壊したかなって気分になりました」と伝統の枠を越えた達成感を語ったのは、『Glass』（２０１８年）収録のライヴについてである。それはアメリカのコネチカット州にある壁面全体がガラスの建物「Glass House」でレコーディングしたものだ。２人でリアルタイムの即興を行ったのは初めてだったという。坂本はキーボードだけでなく、金属部品や鋼球、ゴムボールなどを持ちこみ、ガラスの壁をこすった音をマイクで拾い変調させるなどして演奏した。このため、２人の他の作品とは違う音像になっている。坂本は小学生の頃、ピアノの弦の部分にボールを投げ入れるなど普通ではない演奏をする現代音楽のコンサートを観たとたびたび語った。その遠い日の強烈な記憶の延長線上で『Glass』の即興演奏はなされたといえる。

坂本は、次の共作アルバムについてニコライと死の直前までメッセージのやりとりをしていたそうだ。２人の関係は、周囲が思う以上に坂本にとって大きなものだったのだ。

デヴィッド・シルヴィアンに

最初から、ふたりで何かやりましょ、
っていってもうまくいかないみたい。
アーティストなんて、みんな〝オイラが大将だ〟
と思ってるわけだから、
そうした人間がふたり改まって何か始めようとしたって
うまくかみ合うわけがないのね。

「ジャパンをこえて〈Part I〉なかよし対談 デヴィッド・シルヴィアンvs坂本龍一」。
「ミュージック・ライフ」1983年4月号掲載。

イギリスで結成されたのにジャパンと名乗るバンドの一員としてデヴィッド・シルヴィアンが1980年に来日した際、坂本龍一がインタヴューしたのが初対面だったという。彼らはそれ以前から共通の要素を持っていた。ジャパンという命名に特に意味はなかったが、デビュー作には「コミュニスト・チャイナ」（1978年）というオリエンタルな曲があり、「ライフ・イン・トウキョウ」（1979年）と題したシングルもあった。後には中国風のイメージを曲とデザインに散りばめた『錻力《ぶりき》の太鼓 Tin Drum』（1981年）が、ラスト・アルバムになっている。グラム・ロック的なサウンドで出発した彼らは、作品ごとにプログラミングの比重が増え、エレポップ的な方向へ進んだ。YMOと共通点があったのだ。ジャパンが、アフリカやアジアの音楽に接近しエスニックな方向に進んだ点も、坂本の民族音楽への興味と近しかった。後にポップからエクスペリメンタルへ重心を移した点も共通する。

ジャパンがスタジオ入りした時期に、坂本も『B－2ユニット』（1980年）の録音でイギリスを訪れた。その際、彼とシルヴィアンが共作しジャパン『孤独な影 Gentlemen Take Polaroids』（1980年）に収録されたのが「テイキング・アイランズ・イン・アフリカ」である。2人は、コラボ・シングル『バンブー・ミュージック』（1982年）を発表したほか、互いの作品にしばしば参加するなど親しい交流が続く。ジャパンのラスト・ツアーでは1982年12月の武道館公演で、坂本、矢野顕子、高橋幸宏がゲスト参加している。また、シルヴィアンの弟のスティーヴ・ジャンセンが、高橋のソロ・ツアーでドラムを担当するなど、ジャパンとYMO人脈は、様々な形で交流したのだ。

とはいえ、誰もが和気あいあいだったのではない。「テイキング・アイランズ・イン・アフリカ」に関して、ジャパンのほかのメンバーはバンドではなく、シルヴィアンのソロ・プロジェクトにするべきだったと発言している。バンド内に溝ができていたため、1982年にジャパンは解散したのだ。一方、坂本と細野の軋轢の時期を経て1983年のYMO散開が決定し、それゆえに末期は逆に楽しげにやれた経緯もある。坂本とシルヴィアンは、互いのバンド内部が齟齬《そご》を抱え、解散にむかう頃に親しくなったのだ。

坂本龍一は著書で数少ない音楽家の友人として、アルヴァ・ノト名義で活動するカールステン・ニコライとシルヴィアンの名をあげている。2023年に亡くなった坂本は、葬儀のプレイリストを残し、バッハ、ドビュッシー、ラヴェル、サティが多いなかで、アルヴァ・ノトとシルヴィアンも選んでいた。だが、坂本はアルヴァ・ノトとの共作アルバムは多かったものの、シルヴィアンとはアルバム単位の共作がなかった。前者が実験的な電子音楽家であり、坂本とのコラボで即興性や偶発性を重視したのに対し、後者も実験や即興への志向はありつつ、ヴォーカリストだったのが関係したのかもしれない。

坂本とシルヴィアンの微妙な距離感は、ジャパン解散の翌年1983年に来日したシルヴィアンとの対談で発せられた、引用した坂本の言葉にすでにあらわれている。対談では、取材者に今後の共同作業の予定を尋ねられ、シルヴィアンが「いままでと同じ状態をたもちたいね。たまたま、ふたりが同じ場所にいる。何かが生まれる。どちらかがプロジェクトを持っていて、片方が参加する」と答えた。それに対し、坂本は「最初から、ふたりで何かやりましょ、っていってもうまくいかないみたい」と応じたのだ。

対談時の来日は、坂本作の『戦場のメリークリスマス』(1983年)のテーマ曲に関し、シルヴィアンのヴォーカル・ヴァージョンを作るためだった。シルヴィアンが作詞し歌った「禁じられた色彩 Forbidden Colours」は対談後に発表されたが、三島由紀夫『禁色《きんじき》』からタイトルを借用した同曲の歌メロは、原曲から想像できないもので彼の才気を感じさせた。坂本没後のインタヴューでシルヴィアンは、「すぐに曲に惚れ込みましたが、リュウイチが期待した、メイン・テーマを模倣したり、なぞったメロディを書くのではなく、自分なりのスタイルで、そこから出たり入ったりして織り上げていくことを思いつきました」

（『別冊 ele-king 坂本龍一追悼号［日本のサカモト］』（2023年）と語っている。

坂本が設立した本本堂から刊行された『デヴィッド・シルヴィアン 写真日記 '82-'85＋坂本龍一 往復書簡』（1985年）には、手紙のやりとりが紹介されている。書いた時期は不明だが2人の共作に関し「一緒に協働して、一つの音楽をつくるのが、とても難しく感じられるのです。（略）あなたが言っていたHonestyとも関係するのかも知れません。今、とても一人になりたいんです」と坂本が率直な思いを告げる文章が収録されている。先述の坂本没後のインタヴューでシルヴィアンは、1984年後半に彼から一緒にアルバムを作る提案をされたと話しており、その頃のやりとりかもしれない。多くのアーティストに参加を依頼し地雷廃絶を訴えた『ZERO LANDMINE』（N.M.L.名義。2001年）で坂本は作詞をシルヴィアンに依頼した。これなど代表的だが、活動の要所で互いを呼ぶアーティストとしての信頼が、2人の間にはあったのだろう。その信頼は、一緒にできないことはできないというHonestyを含むゆえに成立したのかもしれない。

坂本が葬儀のプレイリストで選んだシルヴィアン「オルフェウス」（キーボードは坂本。『シークレッツ・オブ・ザ・ビーハイヴ』1987年収録）は、生と死の狭間で「学ぶべきことはまだたくさんある」と歌う曲だった。

大貫妙子に

あれは任されたんじゃなくて、
本当はいろいろ思ってたんだけど、
どうせ駄目だろうと思っていわなかったんだ？　昔は。

NHK FM『サウンドストリート』1982年9月21日放送。

坂本龍一は1970年代にセッション・ミュージシャンの仕事を始めてから、様々なタイプのアーティストのバックで演奏したほか、アレンジ、曲提供、プロデュースなどを多く務めた。それらは、YMOやソロでの活動が本格化してからも行われた。なかでも長期間にわたってかかわったのが、大貫妙子である。坂本は、山下達郎と大貫がシュガー・ベイブで活動していた頃に彼女と知りあっている。グループが解散し、ター坊の愛称で呼ばれた大貫が『Grey Skies』(1976年)でソロ・デビューしてから1980年代半ばまで、時期によって関与の度合いは異なるが、坂本はアレンジや演奏で彼女をサポートし続けた。大貫がヨーロピアン・サウンドを打ち出し個性を確立する過程で、彼の貢献は大きかったのである。坂本が国際的アーティストとなり、1990年にニューヨークへ移住してからは間が空いたが、その後もしばしば音楽制作の接点はあった。

2人の過去にどんなことがあったか、坂本の回想録『ぼくはあと何回、満月を見るだろう』(2023年)に書かれている。「今だから明かしますが、ぼくは20代前半の一時期、大貫さんと暮らしていました。しかし、別の相手ができたぼくは、その部屋を出ていってしまった。本当にひどいことをしてしまいました」と悔いと謝罪を語っている。2人は、そうして恋愛関係が終わってからも、音楽に関しては共同作業を続けたのだ。坂本は、大貫が当時発表した「新しいシャツ」（『ROMANTIQUE』１９８０年収録）の歌詞を聴くと泣いてしまうという。後年に同曲を２人で演奏すると客席から嗚咽《おえつ》が聞こえ、自分たちの関係を知る人がいたのだろうと坂本は思ったそうだ。彼の没後、『ユリイカ12月増刊号総特集 坂本龍一 1952-2023』（２０２３年）で大貫は、坂本との思い出を話している。だが、大貫は、「新しいシャツ」は坂本のことかとよく聞かれるが、「でも、これはただの歌詞です」と答えている。過去を悔いる側と整理した側の意識のすれ違いかもしれない。

冒頭に掲げた坂本の発言は、彼がパーソナリティを務めたFM番組「サウンドストリート」に大貫が『Cliché』（１９８２年）を発表したタイミングで出演した際のもの。同作は坂本が編曲した前半４曲と、フランシス・レイの楽曲アレンジを手がけたジャン・ミュジーとフランスで録音した後半６曲で構成されている。番組を今聞くと、坂本がどちらのアレンジがよかったかとライヴァル意識を示したり、某女性歌手の容姿に関し今なら炎上必至の差別的な軽口を叩いて大貫を呆れさせたかと思えば、かしこまった口調で音楽談義に戻るなど、互いの距離感が伸び縮みする。かつての２人の関係を知ると、元カノに対する男性側の照れや気おくれが、そうさせたのだろうと想像されるところだ。

自分のアレンジをどう思うかと坂本が尋ねると、大貫はいいと思っていると答えつつ、なかにはよくないと感じる時に「いっても、直してくれないじゃん」とくだけた口調で返答する。最近はいうことを聞いてくれるようになったが、昔は全然聞いてくれなかったというのだ。その言葉への坂本の反応が、「どうせ駄目だろうと思っていわなかったんだ？昔は」なのである。若い頃の編曲仕事における坂本の気難しさ、録音現場での関係者への当たりのきつさは、本人や周囲が認める発言を残している。

彼は、担当した南佳孝作品の編曲に関し語った際、歌ものでは音の面白さや冒険を追求したい一方、聴き手は歌だけを聴いたりすることを踏まえ、「その落差を計算することにずいぶん気を配る」（「ＦＭレコパル」１９８０年７月21日～８月３日号）と述べていた。後年には「昔よく仕事をしていた大貫さんとか矢野さんなんかにも、『本当にあなた歌、聴いてないわね』ってもういつも言われて」（J-WAVE「RADIO SAKAMOTO」（２０２０年３月１日）と回想している。坂本は歌を楽器の一部のようにサウンドとしてあつかい、詞に無関心なままアレンジしていたのだ。『Cliché』発表時の先のＦＭ番組では、それを反映したやりとりがあった。「色彩都市」の詞について坂本が「〝八月便り〟って、かっこいい言葉ですね」というと、大貫は「〝はつらつ便り〟ね」と訂正したのである。そんな坂本が「新しいシャツ」に２人の関係を感じとったのに対し、大貫が「ただの歌詞です」と深読みをしりぞけたのは、傍からみているとユーモラスに思える。

大貫は1997年に『LUCY』で12年ぶりに坂本をアレンジャーに迎え、シングル「Happy-go-Lucky」で彼とともにフジテレビ「HEY! HEY! HEY! MUSIC CHAMP」に出演した。その時、なぜ坂本は歌わないのかとの問いに彼女が「下手じゃない。歌の心はあると思う。ただ、声がちょっとこもってるっていう特長が」と答えて司会のダウンタウンを爆笑させ、本人を苦笑させた。その13年後、大貫の歌、坂本のピアノでデュオ・アルバム『UTAU』(2010年)が発表された。坂本の曲に大貫が詞をつけるなど互いの作品で構成され、「赤とんぼ」のカヴァーを含む同作は、タイトル通り歌に焦点をあわせている。歌を聴いていないといわれながら、長年かかわってきた歌とサウンドという課題に坂本が正面からむきあった作品といえるし、彼のピアノも歌っていた。

坂本は矢野顕子と結婚し子も生まれたが、離婚後は音楽面で距離を置いた。結果的に大貫は、彼とつかず離れず長くコラボした1人となった。坂本の番組「RADIO SAKAMOTO」は20年間続いたが、晩年は療養のため代役を立てることが多かった。そして、2023年の高橋幸宏追悼特集でもあった最終回に本人の希望で代役を任され、坂本のメッセージを読みあげたのは、大貫だった。それだけ信頼されていたのだろう。

第2章 文化

大森荘蔵／吉本隆明／蓮實重彦／中上健次／大島渚／ビートたけし／渋谷陽一／ダウンタウン／中沢新一／福岡伸一／高谷史郎／浅田彰／村上龍

大森荘蔵に

交響曲聴いてる場合に、最初から十分経ったところの音を聴いてる時は、聴いている人の記憶というか、テーマがあります。ジャジャジャジャーン、と。もう一度出てきますね。再現部と言ってます。それは、つまりベートーベンとしては聴いてる人が覚えてくれないとおもしろくない、というふうな作り方を、してるはずです。

（略）ぼくは、これは無理というか、事実と異なったでっち上げの時間の世界という気がするんです。無理矢理時間を直線化する、というか、見渡せる一つのこういう空間というか、にした上での作り方という気がするんですが。

大森荘蔵『大森荘蔵著作集　第十巻　音を視る、時を聴く』1999年、岩波書店（初出：大森荘蔵・坂本龍一『音を視る、時を聴く』1982年、朝日出版社）。

1983年刊行の浅田彰『構造と力』が、思想書としては珍しくベストセラーになり、ニューアカデミズムのブームが訪れる。坂本龍一も、浅田をはじめ通称ニューアカの界隈《かいわい》の論客たちと対話することになるが、哲学者・大森荘蔵との共著『音を視る、時を聴く』は、ブームが訪れる一年前に発表されていた。

坂本は、父・一亀が三島由紀夫、高橋和巳などの小説家を担当した編集者だったこともあり、本は身近なものだった。読書家だった彼は、哲学・思想書にも親しみ、東京藝術大学大学院修士課程修了という経歴の持ち主でもあった。ヒットしたYMOの一員として、世間から注目される〝芸能人〟になった当時の坂本にとって大森との共著は、知的なべつの一面を垣間見せる機会になったのである。

『音を視る、時を聴く』は、朝日出版社が1978年からスタートしたレクチュア・ブックスの一冊だった。このシリーズは、文系、理系、様々な分野について、それぞれ作家や評論家などが聞き手となり、専門家から講義を受ける形式である。同シリーズは、後に坂本と対談集を出す批評家・吉本隆明が生態学者・今西錦司と対峙した『ダーウィンを超えて』（1978年）、1980年代の論客がよく言及した精神分析学者ジャック・ラカンの著書を訳した佐々木孝次が俳優で映画監督の伊丹十三に講義した『快の打ち出の小槌』

（1980年）など、ニューアカ流行の下地を準備したような企画だった。坂本にとっても、以前からサブカルチャー人脈との接触があったのに加え、レクチュア・ブックスへの参加は、思想・批評分野との接触が増える一つの契機になったといえる。

『音を視る、時を聴く』では、聴く、見るなどの知覚はどのように成り立っているかについて、坂本の問いかけに対し、大森が人の認識をめぐる主観と客観、経験などの諸問題に関し、自らの哲学的見解を語っていく。二つのスピーカーの真ん中で音が鳴っているように聴こえるのは錯覚か、二つの音を録音したテープの回転速度を上げると一つの音に聴こえることについて、自分は音が二つあるとはいえない――といった坂本の疑問に大森は、それらの聴こえ方を「虚像」とはあつかわず、「経験」ととらえ論じる。

例えば「現在只今《ただいま》」とは、「空間的な分解能のことと、時間的な分解能のことを考えあわせると、現在・過去・未来はある狭い幅において、混在してるんじゃなしに識別不可能の形で癒着していると私は思います」と大森は説く。大森が主役の本であり、坂本の口数は多くないものの、音楽の実践者としての体験を交えた言葉は哲学者の思索を引き出し、刺激的な応答がなされる。

二人の議論で大きなテーマとなるのは、書名通り、時間だ。「交響曲聴いてる場合に～」

という坂本の先の言葉も、その一環として出てくる。彼は「たとえば音楽を作る時に、クラシックなんかの場合、楽譜で作っていくから、眼に見える。たとえば最初の一ページ目のこういう音、終るページのこういう音、これをめくっていって見ることができる。ほんとは過ぎ去っていくはずの音を、しかもこう、動かして、見るわけです」と語る。だが、直線的な時間経過を想定し、めくることができる楽譜に書かれた音楽と、実際に音楽を聴く時間は異なると坂本は考えていた。彼は「要するにそこから一つの曲の時間経過を見わたせるような形にしておいてそれから作っていくことに疑問をもっています」と述べる。

大森は彼の考えをもっともだと受けとめ議論を展開したが、同書には坂本の音楽家としての生涯のテーマが示されていたといえる。『音を視る、時を聴く』のあとがきで坂本は、学んできた西洋のクラシックが20世紀に混乱の様相を呈し、自身も混乱の渦中に引きこまれたと語った。「万人共通の理解の土台が明らかに疑わしくなった」のが、混乱のメインの理由だという。その結果、「音楽以前の音体験に非常な興味をもつ」に至ったと自らの立場を説明した。混乱は音楽と時間の関係のとらえ方にもおよび、それへの興味が、知覚をめぐる大森の哲学へと坂本をむかわせたのだ。

後に坂本は、自伝『音楽は自由にする』(2009年)の「はじめに」で「音楽というのは『時間芸術』だといわれていますとする一方、時間の感覚が欠落しているという意味で自分は、リニアな時間のなかで変化を起こす音楽を作るのが得意ではないのかも知れないと、半ば冗談めかして語った。それは「交響曲聴いてる場合に〜」の発言に通じる観点だろう。YMO時代にテンポを制御し演奏を同期させるテクノに傾倒したこと、後年の逆に非同期をテーマにした『async』（2017年）、高谷史郎（ダムタイプ）とのコラボレーションによるシアターピースでタイトル通り時間をあつかった『TIME』（2021年初演）など、坂本の生涯には、音楽と時間というテーマでの一貫性がうかがわれる。

ガン闘病中の談話をまとめた『ぼくはあと何回、満月を見るだろう』（2023年）でも、彼は音楽が時間芸術であることに触れていた。「生の限定性に直面した今、これまでとは違った角度から考え直す必要があるのではないか」と感じ、アリストテレス、アウグスティヌス、カント、ハイデガー、ベルクソンなどの哲学者や現代の物理学者の時間論を読んでいると語っていた。

それを踏まえると、大型インスタレーション作品を包括的に紹介し、日本では初となる坂本の最大規模の個展が2024年12月から開催されるに際し、かつての書名から「音を視る　時を聴く」と題されたことも理解できるのである。

吉本隆明に

僕の実感では、学生運動なんかをやってた一〇代のときに
とても悩んだことなんだけども、反体制とか国家とか、
そういうことに興味を持つことと、自分が音楽をつくることと、
脳の違う部分で、やっているわけです。
（中略）僕は結びつかないっていうことで、
とても悩んでたことがあるんです。

村上龍＋坂本龍一『EV.Café　超進化論』1985年、講談社。

村上龍と坂本龍一がホストとなり、当時の論客を迎えた鼎談のシリーズが、『EV.Café 超進化論』だった。掲げたのは、ゲストだった吉本隆明に坂本がもらした言葉である。

いずれも1952年の辰年生まれである坂本と村上は、先進諸国で若者の社会運動が高潮した1960年代後半に青春を迎えた。日本でも反体制運動が盛り上がり、大学だけでなく高校でも生徒がバリケード封鎖によるストライキを決行した。坂本も村上も、その過去がある。吉本は、学生運動をする若者への影響力が大きかった。坂本は後に『ぼくはあと何回、満月を見るだろう』(2023年)で「吉本さんは戦後を代表する知識人のひとりですが、いわば教祖のような強烈なカリスマ性があったから、学生運動のセクトが親吉本派と反吉本派に二分されているほどでした。ぼくはむろん親吉本派で、若い頃から強い影響を受け、1986年には共著『音楽機械論』を出しています」と懐古している。

しかし、『EV.Café』で二人は、教祖とシンパの関係で話したのではない。1970年代に反体制運動の一部が過激化し、連合赤軍事件などによって大衆の支持を得られなくなり、学生運動全体が退潮した。高校で教育解体を叫んだ坂本も、東京藝術大学に進学した。彼は解体のために入学したと理屈づけたが、〝戦友〟からは総スカンだったという。運動から進学や就職への転身が変節と受けとられるのは、この世代につきまとう批判だった。

その後、坂本が現代音楽の世界から、大衆を相手にするポップの世界に飛びこんだのに対し、言論界での吉本の立ち位置も変化した。思想家として「大衆の原像」を重視する吉本は、1980年代には従来のように政治、哲学、純文学、古典を思索の対象にするだけでなく、マンガやポップ・ミュージックといったサブカルチャーまで論じるようになった。そうして坂本との交流も始まったのだ。坂本のソロ第一作『千のナイフ』(1978年)でジャケット撮影をする際、スタイリングを担当した高橋幸宏が、長髪と髭、汚れたジーンズにゴム草履という本人の定番をやめさせ、アルマーニを着せてイメージを一新した話は知られている。一方、吉本は、1984年に女性誌「anan」でコム・デ・ギャルソンを着て載ったことが、学生運動の時代にやはり存在感があった作家・埴谷雄高《はにやゆたか》から資本主義への迎合と批判され、反論する一幕があった。坂本と吉本の歩みには似た部分がある。

難解な領域からポップのフィールドに出てきた二人は、『EV.Café』で音楽、社会、物語について語りあう。それを引き継ぐ形で『音楽機械論』での対話がなされた。互いに興味がある音楽を聴かせあい、坂本が音楽の制作過程を教えつつ、彼の導きで吉本が作曲し、そのメロディを坂本が編曲して完成させることまでした(「ひとさし指のエチュード」)。ただ、やりとりは和やかではあったが、音楽をめぐる問答はギクシャクしていた。

吉本は思想家であると同時に詩人であり、詩歌を論じた文章も多い。その延長線上で中島みゆき、松任谷由実、忌野清志郎なども論じ始めた。だが、この頃の坂本は、歌唱全般に積極的な意味を認めない態度であり、中島や松任谷に関して音楽としての情報量が足りない、退屈などと評して否定的だった。『EV.Café』では吉本の「要するに、作詞の言葉はあってもなくてもいいいんですね」という問いに「僕の音楽作品に対する価値っていうのは、言葉の部分ではあまり左右されないいんですよね」と答えていた。吉本が重視する言葉、声に冷淡だったのである。そうしたなかで「反体制とか国家とか、そういうことに興味を持つことと、自分が音楽をつくること」の乖離《かいり》を吐露する発言があったのだ。

とはいえ、坂本は、忌野清志郎とのコラボ「い・け・な・いルージュマジック」（1982年）、前川清「雪列車」（1982年）、郷ひろみ『比呂魅卿の犯罪』（1983年。タイトル曲の作詞は中島みゆき）への楽曲提供など、声に特徴のある歌手との共同作業を意識的に増やしてもいた。ポップ・ミュージックで歌ものが主流である現実と対峙しようとしたわけである。だが、海外進出した『BEAUTY』（1989年）、『Heartbeat』（1991年）での商業的挫折、その後の日本市場での伸び悩みから1990年代半ば以降は、国内外で歌入りのポップのフォーマットから遠ざかる。映画音楽も含め、スタジオ録音、ライヴでの活動の重心をインストゥルメンタルに移したのだ。

また、政治的主張と音楽創作の乖離を語ったかつての彼は、社会的メッセージを歌うフォークの音楽としての単純さを嫌悪していた。それに対し、後年の彼は、地雷廃絶を呼びかけるチャリティ・シングル「ZERO LANDMINE」（2001年）を企画し、脱原発がテーマのロック・フェス「NO NUKES」（2012－2019年）の呼びかけ人になるなど、音楽と政治的主張を結びつけるようになっていく。

坂本は、東日本大震災の原発事故後、国民に脱原発の気運があった2013年に吉本に言及していた（『もんじゅ君対談集 3・11で僕らは変わったか』2014年）。戦争中は「天皇のために死ぬ覚悟」といっていた人たちが終戦で180度転換し、軍の支給物資をリュックに詰めて故郷に帰ってしまう。「だけどそれが大衆の原像なんだ」と吉本が書いたことに触れ、「原発についての世論と政権のズレを考えていると、それを思い出します」と述べた。吉本は震災後『「反原発」異論』（死後の2015年刊）を唱え、原発をめぐる主張は正反対だったのに、坂本は「大衆の原像」にこだわる点で吉本に共感したのだ。

『ぼくはあと何回、満月を見るだろう』（2023年）には、震災が起きた2011年に、酒を手土産に坂本が吉本宅を訪ねたとある。吉本が肺炎で亡くなる前年のことだった。

蓮實重彦に

ほとんどすべてのメディアは、音楽にしろ小説にしろ、映画にしろ、
そのプロセスを抹消するのがほとんどでしょ。
つまり、もう映画は映画になったとたんにそうあるべくして、
つくられたように見えるわけだし、
そこまで持っていく時間が普通は映画なんだし、音楽であるしさ。

村上龍＋坂本龍一『EV.Café　超進化論』1985年、講談社。

『EV.Café』で蓮實《はすみ》重彦がゲストだった回の発言。プロセスとは、音楽、小説、映画の作品が作られていく過程を指す。どのジャンルでも作品ができあがったとたん、それが音楽、小説、映画であるのが、最初から自明であったかのように、特定のメディアの形をとるまでのプロセスが忘れられてしまう。鼎談では、そのことへのいら立ちが話題になった。

フランス文学者の蓮實重彦は、文芸批評家であるとともに映画批評家であり、ニューアカの若手に柄谷行人《からたにこうじん》と並び支持された先行世代の論客だ。物語とは、人の思考を狭める制度だとして、彼が『表層批評宣言』（1979年）や『物語批判序説』（1985年）で展開した物語批判は、1980年代の批評界に大きな影響力を持った。小説家であり自作『だいじょうぶマイ・フレンド』の映画化で監督を務めた村上、音楽家であり『戦場のメリークリスマス』（1983年）に出演しサウンドトラックを制作した坂本との鼎談でも当然、物語批判は主要な話題となった。二人もまた、音楽、小説、映画という物語が、制度として自分たちを不自由にしているとうったえ、蓮實の議論に共感を示したのだ。

ここで坂本は、ジャン＝リュック・ゴダール監督の短編映画『フレディ・ビュアシュへの手紙』（1981年）を「大好きなんです」と表明している。蓮實が同作について、作品ができるまでの「その間の時間のドキュメンタリーみたいなもの」と評したのに対し、「あの短編は、たぶんそのプロセスが映画になってしまっているという稀有の例なんじゃないか」と応じた。坂本は、「レコードっていう商品が持ってる時間の虚構」に関し、商品としてその形で売られる「資本主義の問題かなと思っていたんだけども、実はそれが〝物語〟っていう問題なのかなっていうふうにいま思っています」とももらした。音楽と時間という彼が生涯とりくんだテーマが、物語批判と結びつけられていたのだ。

坂本は、最先端の現代思想の論客と自分の対話がなぜ成り立ったかについて、後に『音楽は自由にする』（2009年）で「音楽脳」といえるような思考回路を経由したからではないかと語った。クラシックを学んだ彼は、20世紀に入って現代音楽が抱えた問題と出会った。その問題が、同時代の思想や他分野の芸術の問題と共通していたために、音楽以外の概念についても理解できたというのである。物語批判をめぐる蓮實とのやりとりを読み返すと、「音楽脳」がどのように発揮されたかが、理解できる。

坂本は『戦場のメリークリスマス』（1983年）の大島渚監督に紹介されたベルナルド・ベルトルッチ監督の『ラストエンペラー』（1987年）に甘粕正彦大尉役で出演し、デヴィッド・バーン、蘇聡とともに音楽を担当した。その直後にも蓮實と対談している（蓮實重彦『映画狂人のあの人に会いたい』2002年所収）。ベルトルッチが『戦場のメリークリスマス』の音楽を好きなのは危ういのではないかと蓮實から水をむけられた坂本は、「オリエンタリズムあるいはセンチメンタリズムに簡単に乗せられていいのかなんてひとりで思っていました」と答えた。彼自身には、意図的にそのように作った同映画の音楽に批判的な気持ちがあったからだ。いいかえるなら、オリエンタリズムやセンチメンタリズムという物語の制度にベルトルッチが無批判であることに疑問を持ったわけである。

『ラストエンペラー』の音楽を作る際、ベルトルッチと衝突を繰り返した顛末《てんまつ》を坂本は、蓮實との対談以外にもあちこちで話している。音楽に関して放任主義だった大島渚とは違ってベルトルッチは、「もっとエモーショナルに」、「もっとチャイニーズふうに」、「モダンに」、「壮大な歴史的広がりを持ったものに」などと注文が多かった。蓮實が映画音楽の一般論として、『風と共に去りぬ』のようにいくつかのテーマが劇中で変奏される傾向をあげると、坂本は自分の最初の設計もそれと同様の古典的な形だったと明かしている。音楽担当者として監督の意向に沿ったものにしようと、物語の制度に従ったのである。

ところが、その後、ベルトルッチが映画自体を大幅に編集し直したため、坂本が知らないうちに音楽も当初の設計とはかなり違う仕上がりになった。この映画ではまだ駆け出しだった作曲者は、衝撃を受けざるをえなかった。とはいえ、『ぼくはあと何回、満月を見るだろう』(2023年)で2018年のベルトルッチの死に触れた晩年の坂本は「わずか2週間で全曲を仕上げろという無茶なオーダーでしたが、彼の命令に何とかして応えようとしたことが今に繋がったと言っても過言ではありません」と感謝をあらわしていた。『音楽は自由にする』では、「好きにやれと言われるよりむしろ、制約や条件がある方が仕事はやりやすいんです。そういう意味では、映画音楽の仕事には向いているのかも知れません」との発言があった。映画音楽に関しては、監督の要求に応えることを優先させた彼だが、作曲の傾向が変化していったのも事実だろう。『戦場のメリークリスマス』や『ラストエンペラー』のオリエンタリズムのように、わかりやすいイメージづけの親しみやすいメロディをテーマとし、変奏していく古典的な設計を、後年の彼はあまりしなくなった。アンビエント・ミュージック的な設計が増えていった。なかでも、アレハンドロ・ゴンサレス・イニャリトゥ監督の明確な意向もあってその方向を突き詰めた『レヴェナント:蘇えりし者』(2015年)のサウンドトラック(アルヴァ・ノト、ブライス・デスナーとの共作)は、メロディが希薄で音響を重視した路線の代表作だ。

こうしてふり返ると、制約となる物語の制度に坂本は、アンビヴァレントな態度をとっていたととらえられるのである。

中上健次に

もう地球上に原始はないというのはわかりきってる、あるとすれば、それはしつらえられたものだしさ。被差別側が、土着とか、たとえば七〇年代の政治で言ったら、怨念とかというものに寄りかかることに対して、僕たち、苛立ちを持ってるわけでしょう。

「三島由紀夫の「復活」」初出「文學界」1986年２月号「シリーズ・戦後文学とは何か」。
柄谷行人・スガ秀実編『中上健次発言集成２』1995年所収。

1946年生まれの中上健次は、1976年に「岬」で第74回芥川賞を受賞した。戦後生まれでは初の芥川賞作家だ。中上は批評家の柄谷行人と盟友関係だったほか、彼の次の回に芥川賞を受賞した村上龍とも仲がよかった。1980年代には、浅田彰などニューアカデミズムの批評家や若手純文学作家の多くが中上を支持したし、1992年に腎臓ガンのため46歳で早逝して以後も高く評価され続けている。

中上は、三田誠広（第77回芥川賞受賞）を殴った（文学観の違いが理由といえなくもない）などの武勇談が知られ、よく「最後の文士」と称された。坂本龍一は、映画『戦場のメリークリスマス』を観た中上からお呼びがかかり、親しくなったという。和歌山県新宮市出身の中上は、1960年代に上京してからは、新宿でジャズ喫茶に入り浸りだった。5歳下の坂本も同時期に新宿でジャズに浸っており、『坂本図書』（2023年）には「中上健次の文章はジャズなのだ」とある。出会う前から近しい感性を有していたのだろう。

この項目で引用した坂本の発言は、文芸誌での対談のものだ。それぞれが海外体験を語りあうなかで坂本は、「もう地球上に原始はない」という。人間の手や目が広くいきわたり、未開の地があるのかわからない状況を指摘している。現在から読み返してギョッとするのは、「被差別側が」からのくだりだ。中上は、自身が生まれた被差別部落を「路地」と呼び、そこを舞台とした小説を多く書いた。紀州サーガなどと呼ばれたその一連の作品に、土着、怨念を読みとるむきもあっただろう。だが、対談で中上は、坂本のこの言葉に直接的応答はしないものの、同調する態度を示していた。

サーガの代表作『枯木灘』(1977年)の主人公が道路工事の肉体労働をしている点について、柄谷行人などは都市化の象徴と解釈する。そのことを含め、紀州の「路地」にこだわった物語でありつつ、国を超えた世界文学であると評する。坂本はそうした読解を共有し、中上も認めているため、「僕たち、苛立ちを持ってるわけでしょう」という表現になったのだろう。土着を批判し、国際性へと開こうとする中上と坂本には、韓国への興味という共通点もあった。坂本は1981年に初めてソウルを訪れた印象から、YMO『テクノデリック』で「SEOUL MUSIC」を作曲した(黒人音楽のソウルとかけている)。一方、中上が韓国を取材した『輪舞する、ソウル。』(1985年)を坂本は『坂本図書』で賞賛し、「中上が見たように韓国を見てみたい」とまで述べている。

中上と坂本の対談で興味深いのは、戦後文学をテーマとするうえで、三島由紀夫が話の中心だったことだ。知られている通り、坂本の父・一亀は、三島の初期の代表作『仮面の告白』を担当した編集者だった。また、『戦場のメリークリスマス』の原作小説であるヴァン・デル・ポスト『影の獄にて』では、映画で坂本が演じたヨノイは、二・二六事件の決起に参加できなかったことを悔いている設定だった。同作における二・二六事件への言及や、男性たちの同性愛といった要素は、三島作品からの影響を感じさせるものだ。対談では、戦前から戦中、戦後へと物語が展開する三島の『仮面の告白』や『金閣寺』が話題になるなか、作風について坂本が「だからアメリカと出会ったことによってヨーロッパへ引退した、そういうことだろうね」と述べているのが、簡潔な三島評になっていて面白い。

病気と診断され徴兵されなかった三島に関し、中上は、彼は戦争をしたかったし血を流したかったのだろうという。「文学で一番大事なことは、血を流したやつを見ることよ」、「戦争がやっぱり一番面白いです、僕ら」と放言する中上に対し、坂本が「戦争好きの僕らは(笑)」と返していることに今となっては驚く。後年、生真面目に非戦を主張するようになる坂本も、まだ30代だった当時は尖った発言が多く、このやりとりには、傍若無人な印象の強かった中上となぜ親しかったのかが、現れているように思われる。

対談で三島がテーマとなったのは、記事では言及されていないものの、中上が紀州サーガの一作である連作短編集『千年の愉楽』（1982年）に、三島の晩年の大作である『豊饒の海』四部作の最後を飾った遺作『天人五衰』と同名の短編を書いていたことが背景にあっただろう。坂本は1980年代に『千年の愉楽』を読んだ際、自分がプロデュースして映画にしたいと思ったと、あちこちで語っていた（実際には若松孝二監督で映画化され2013年に公開されたが、製作に坂本はかかわっていない）。

例えば、村上龍、浅田彰との1984年の鼎談で坂本は、『千年の愉楽』について「これをモノクロで撮るとメタリックな映画になるなと思ったのね」（『EV.Café』1985年所収）と話していた。当時の坂本や浅田は「メタリック」を誉め言葉として使ったが、それはハード・ロック／ヘヴィ・メタル的なイメージではない。土着、怨念、重さなどではない都市的なイメージであり、むしろテクノに通じるものとしてとらえられていた。

それに対し中上は、坂本を追ったドキュメンタリー映画『Tokyo Melody』のプログラムに寄せた1985年の文章で『戦場のメリークリスマス』の音楽に関し、「RYUICHIの金属への感性」、「金属の音は都市に響いたのだ」と評していた。二人は、「メタリック」な感性においても共振していたわけだ。『坂本図書』には、1980年代前半に坂本が、まだ会っていなかったベルナルド・ベルトルッチの監督で『千年の愉楽』を映画化しようと中上と話が盛り上がり、出版界でも映画界でも気を吐いていた角川春樹に二人で資金提供を頼みにいった愉快な話が記されている。

大島渚に

あなたのような社会を厳しく叱る人間がいなくなり、
日本は少しつまらない国になったのかもしれません。

「弔辞——大島渚監督……」2013年。大島渚（高崎俊夫編）『わが封殺せしリリシズム』2023年所収。

2013年に映画監督の大島渚が亡くなった際、告別式で坂本龍一が述べた弔辞の一節だ。十五、六歳で大島の映画と出会ったこと、彼の映画に出演し音楽を担当して人生が変わったことが語られた。故人を「僕のヒーロー」と讃え、簡潔な言葉で感謝を伝えたなかに、このくだりがあったのである。大島は国際的な映画監督だったが、世間的には田原総一朗司会の政治社会関連の討論番組『朝まで生テレビ!』に出演し、怒鳴っているイメージも強かった。「叱る人間」という表現は、そうした人物像を踏まえている。

坂本は、本を介した人物録『坂本図書』(2023年)の大島渚の回(『大島渚著作集第三巻　わが映画を解体する』を選書)で、1967年に当時のサブカルチャーの中心だった新宿で同年公開の大島監督『日本春歌考』を観て衝撃を受けたと回想していた。以後は『無理心中 日本の夏』(1967年)、『絞死刑』(1968年)、『少年』(1969年)などの作品に親しむ一方、同時代の日本映画にはなかったストレートな性描写で話題を呼んだ『愛のコリーダ』(1976年)や『愛の亡霊』(1978年)は敬遠していたことなどに触れたうえで、監督本人との対面へと話を進める。

『戦場のメリークリスマス』(1983年)への出演依頼に関し、大島が脚本を持ち、一人で坂本に会いにきた。俳優も映画のサウンドトラックも経験がない坂本が「僕に音楽をやらせてもらえますか?」と聞くと、大島は即座に「いいですよ」と答えた。坂本は、自分でもなぜそんなことをいい出したのか不思議だというが、このやりとりがそれからの音楽家人生を大きく変えたのだ。『日本春歌考』の衝撃から監督本人との対面に至る経緯を、坂本は大島に言及するたびに話しており、先の弔辞も内容の大筋は同様である。

弔辞は、2011年刊行の大島渚のエッセイ集(高崎俊夫編)『わが封殺せしリリシズム』が没後10年に文庫化された際、特別付録として追加された。特別付録としてはもう一つ、「オジさんの映画」(初出「イメージフォーラム」1983年4月号増刊)と題された坂本の回想が含まれていた。『戦メリ』公開年に発表されたその一文でも、1960年代後半における大島映画との出会いをふり返っているが、「まさに今僕らがやっていることを映画にしている」と思ったと語られている。当時高校生で学生運動を行っていた坂本は、「所詮オジさんが作った映画だと思って見ていた記憶がある」が、「大島渚が傘で機動隊を殴ったという噂を聞いて、オジさんにしてはなかなかやるじゃないかと思った」という。そうした共感や、テレビに出て真剣に怒る彼を面白く感じたことが、『戦メリ』を一緒にやることにつながったと述べている。これを読むと坂本が、社会に物申したかった高校生の頃に20歳年長の大島に抱いた共感を、自身が歳を重ねても抱き続けたことがわかる。後年の坂本は、大島と同様に社会に対し、自分の考えを率直に発するようになった。

『戦メリ』に出演した坂本やビートたけしによると、俳優としては素人だった彼らは標的にならなかったものの、大島はやはり撮影中に怒鳴ったという。ミスがあってもオーラのある演技を採用するワン・テイク主義、それを編集しモンタージュする大島の手法に坂本は、自身の音楽制作との近さを感じた。一方、映画のサウンドトラックに関しては、すべての撮影終了後、坂本と大島の打ちあわせが行われた。その際、映画のどのシーンにどんな音楽を入れるべきか、双方の案を突きあわせてみるとほとんど同じであり、あとは坂本が任される形になったのである。その後、映画音楽作家として地歩を固めた坂本は、市川崑《こん》（畑正憲監督『子猫物語』1986年の協力監督）、ベルナルド・ベルトルッチ（『ラストエンペラー』1987年、『シェルタリング・スカイ』1990年、『リトル・ブッダ』1993年）など、映画監督の注文の厳しさをしばしば話しているので、大島とは相性がよかったのだろう。

坂本は『戦メリ』の音楽を担当したことに関し、「だって、デヴィッド・ボウイの出る映画だから、成功しないとしても、とにかく世界中の音楽業界の人は必ず見るでしょう」（『SELDOM-ILLEGAL 時には、違法』1989年）とパブリシティを意識したことを後に明かし、それは成功したとしている。そして『戦メリ』でカンヌ映画祭へ行った際、大島からベルトルッチを紹介されたことが、『ラストエンペラー』に出演して音楽を担当し、アカデミー作曲賞を受賞する栄誉につながったのだ。「世界のサカモト」になる過程において、大島との出会いが坂本にとって大きかったのは間違いない。

『戦メリ』直後から大島に「映画は撮らないのか」といわれるようになった坂本は、「才能がないので撮りません」と答えたが、「お前は卑怯だ」と怒られてしまった。監督にならない点を叱られたわけである。大島は、戦前から欧米で活動した日本人俳優の早川雪洲役に坂本を起用した映画を構想したものの、脳出血で闘病を余儀なくされ、果たせなかった。そのリハビリ後に大島が監督した『御法度』(1999年)には、たけしが出演し、坂本が音楽を担当してかつての三人が揃う。その時にも「たけちゃんはちゃんと撮ってるぞ、お前はなんで撮らないんだ?」と怒られたのだった。

監督にはならなかったものの、サウンドトラック制作だけでなく、様々な形で坂本は映画にかかわり続けた。ぴあフィルムフェスティバルなどを実施するPFFが映画界の新しい才能を表彰する大島渚賞を2019年に創設した際には、亡き監督の妻・小山明子の依頼で坂本は審査員長を引き受け、亡くなるまでその務めに尽力したのである。

ビートたけしに

映画っておもちゃになりそう?

NHK FM『サウンド・ストリート』1982年11月2日。『シネマファイル　戦場のメリークリスマス』1983年所収。

坂本龍一がパーソナリティを担当していたラジオ番組で、その回のゲストだったビートたけしにむけた言葉である。『戦場のメリークリスマス』の撮影が終わったものの、まだ公開の前年で、坂本はこれからサウンドトラックを制作するタイミングだった。大島渚監督の下での撮影を二人はふり返った。ただ、たけしは当時、お笑い界のスターとなり絶好調だっただけに、すべての話が冗談になってしまう。ラッシュを見た彼らが、自分たちの演技がいかにひどかったかなどを面白おかしく話しあう。

そのなかで「仕事ってさ、一つの、何か新しいおもちゃ捜すみたいなとこあるじゃない」と語るたけしに坂本が放ったのが、「映画っておもちゃになりそう?」という問いかけだった。くだけた会話のなかでの答えは曖昧《あいまい》だが、たけしは「あれはやっぱり監督だろうなと思うね」と返している。おもちゃ云々の話が出るより前、たけしは大島と映画の関係について「あの人はいいおもちゃを買ってもらったみたいなもんだよ」といっていた。それを踏まえると、たけしは映画をおもちゃにできるのは監督だけだと感じたと察せられる。後に彼が役者業を続けるだけでなく、北野武として映画監督となり国際的評価を得た現在からふり返ると、この対談は興味深い。彼は、大島の影響で映画をおもちゃにできる立場を手に入れたのだ。大島に強く勧められても監督にならなかった坂本とは対照的である。

たけしは、ミュージシャン兼俳優の宇崎竜童から聞いた話として、演者の自分の一番嫌な部分を撮るのがいい監督だとする説を語り、大島もそうだろうという。後の北野武の監督業につながる視点と思えるし、きれいに磨かれたものを志向しない意味では、坂本が大島のワンテイク主義に自身の音楽制作との親近性を覚えたのと通じるようでもある。

対談では、『戦メリ』の音楽をどうするかも語られ、村田英雄の演歌やRCサクセションがいいと放言しあう。坂本は、販売面で歌が入るテーマ曲のシングルを出すのがいいとすれば、ストーリー的にデヴィッド・ボウイではおかしいので、セリフで映画のタイトルをいうたけしでどうかといったら、大島に「やめてください」といわれたと笑っていた。

とはいえ、『戦メリ』が公開された1983年5月に発売されたビートたけしのシングル『TAKESHIの、たかをくくろうか』とB面の「男というもの」の作編曲を坂本は担当している。タイアップの一種だろうが、リード曲は、谷川俊太郎が1970年代に書いた詩に、坂本が三拍子のピアノ主体の曲をつけたもので叙情的な味わいがある。当時の坂本は、歌謡曲への曲提供や編曲、プロデュースも活発であり、そうした仕事の一つだった。

お笑いが本業のたけしは、音楽活動もしており、対談の言葉でいえば俳優業や後の監督業と同じく「何か新しいおもちゃ」だったのだろう。彼のファースト・シングルは、いかにもお笑いらしくふざけた雰囲気の「俺は絶対テクニシャン」（1981年）だったが、来生えつこの詞には「テクノ　テクノと　草木もなびく」とあり、アレンジもテクノ・ポップだった。作曲は、フォーク歌手として出発し、当時はテクノ路線だった遠藤賢司。ちょうどYMO中心にテクノがブームだった時期であり、相方のビートきよしがB面で歌った演歌調の「茅場町の女」との落差で笑わせようとした企画だったと推察される。

たけしのツービートなどを中心にした漫才ブームのなか、音楽が本業のYMOもトリオ・ザ・テクノを名乗り、「THE　MANZAI」、「オレたちひょうきん族」などのお笑い番組に出演していた。YMOは『増殖』（1980年）でスネークマンショー、『サーヴィス』（1983年）でスーパー・エキセントリック・シアターのコントを曲間に挿入したほか、曲自体にもしばしばコミカルな音や言葉を入れ、音楽と笑いを結びつけた。坂本にとっても笑いは、「新しいおもちゃ」の一つだったのだ。その延長線上で、1999年放送「たけし・さんまの有名人の集まる店」における眉と髭を黒く塗ったたけしの名物キャラクター・鬼瓦権造と、同様の扮装をした坂本の「坂本権造」の共演も果たされている。

二人は、軽いフットワークでジャンルのクロスオーヴァーがなされる1980年代的なノリのなかで、『戦場のメリークリスマス』で共演する以前から互いの領域に踏みこんでいたわけだ。映画撮影中に坂本は、お笑い芸人のたけしがイメージとは異なり、意外に読書家であるのを知って親しみを覚えたらしい。彼らは、大島渚監督の『御法度』（1999年）において、たけしが出演、坂本が音楽という形で再会する。この時期に「権造」共演もあったわけだが、後年の二人の接触は、濃厚だったとはいえない。

たけしは映画監督として評価される一方、1989年から放送された政治を題材にした番組「ビートたけしのTVタックル」を司会するなど、社会問題に触れる機会が多くなる。それに対し、社会的な発言が増えた坂本は、筑紫哲也が初代司会者だった「NEWS23」（1989年放送開始）のテーマ曲を作ったり、企画に協力するなどした。だが、政治や社会に茶々を入れるというお笑い芸人のスタンスが強いたけしと、運動家的で啓蒙的な行動をとる坂本が、そうした問題で深くかかわることはなかったのである。

また、音楽を自分に依頼すればたけしの映画はもっとよくなるのにと、坂本はしばしば語ったが、実現することはなかった。たけしは、坂本の死去を悼んだ際、「俺の監督で、龍一さんの音楽で一本作りたかった」と語った。デヴィッド・ボウイともそうだったように、ビートたけしと坂本龍一にも、すれ違いがあったのである。

渋谷陽一に

人前で脱糞するよりも恥ずかしいでしょ、あれは（爆笑）。

「rockin'on」1989年11月号。

ロッキング・オンは、今ではROCK IN JAPAN FESTIVAL（愛称ロッキン）など、音楽フェスの主催で知られているが、もともとは渋谷陽一（現会長）が編集長となり1972年に創刊された洋楽誌「rockin'on」をはじめとする雑誌を発行する出版社だ。渋谷は音楽評論家として文筆活動やラジオ番組のパーソナリティをする一方、多くのインタヴューを行ってきた。カルチャー誌「CUT」が1989年、総合誌「SIGHT」が1999年に創刊（後者は現在休刊状態）されて以降は、ミュージシャンだけでなく、吉本隆明、宮崎駿、北野武など幅広い分野の文化人、政治家などを取材してきた。相手に関する人物評をまじえつつ、ざっくばらんな語り口で展開されるインタヴューの多くは、対談に近いノリがある。話を聞かれる側が、ためこんでいた愚痴や不満をもらすことも少なくない。

渋谷に何度も取材された坂本も、その一人だった。坂本はインストゥルメンタル中心のアーティストであり、ヴォーカルにはゲストを起用することが多かった。とはいえ、ヴォコーダーなどで自分の声を変調して使うだけでなく、初期から時おり地声で歌ってはいた。彼は歌への忌避感や苦手意識をあちこちで口にしていたし、素人の耳で聴いても、彼の歌は発声、滑舌などの面でうまいとは感じられない。この点は、自らがプロデュースした曲にコーラスをつける際の小室哲哉にも似ている。

渋谷は『BEAUTY』発表の時期の「rockin'on」1989年11月号で坂本にインタヴューした。同作はヴァージン移籍第一作であり、坂本のポップ・フォーマットでの本格的な海外進出でもあった。ユッスー・ンドゥール、ロバート・ワイアット、アート・リンゼイ、ブライアン・ウィルソン、沖縄民謡のオキナワチャンズといった個性的な歌い手たちが参加しただけでなく、坂本本人が歌うことが、全体の軸になっていた。歌入りポップスのスタイルをとる以上、ソロ名義の本人が歌う方がいいとの判断があったのだろう。渋谷は「ボーカリストに侵食されてしまうポップ・ミュージックの構造みたいなものに対して……」と話をむけ、坂本のヴォーカリストへの敵愾心《てきがいしん》やコンプレックスを指摘する。

それに対しコンプレックスを認めた本人は、東京藝大時代をふり返り「やっぱ声楽科っていうのはさ、バカでさ（笑）、デブでさ（笑）、頭悪くてさ（笑）、しょっちゅう頭蓋骨振らせるから知能指数低くてさ（笑）」と語り、自分が歌うようになったことについて「人前で脱糞するよりも恥ずかしいでしょ、あれは（爆笑）」とまでいったのだ。悔しまぎれと照れから笑い混じりに暴言を吐いたような印象だが、渋谷の行ったもの以外も含め、ロッキング・オンの雑誌に掲載されたかつてのインタヴューは、本人のチェックなしに読者の注目を引きそうな放言を記事に残す傾向があった。坂本の音楽仲間でもあった小山田圭吾が

2021年に開催された東京オリンピック・パラリンピックの開・閉会式の音楽スタッフを辞任する原因となった「ROCKIN'ON JAPAN」1994年1月号の過去のいじめを回想した記事（インタヴュアーは当時の同誌編集長・山崎洋一郎）も同様の露悪趣味で構成されていたといえる。

坂本は2005年に3日間開催されたROCK IN JAPAN FESの最終日のメイン・ステージで、大トリのサザンオールスターズの一つ前に登場した。渋谷には世界的アーティストになった坂本を自社のフェスに出演させたい思いが以前からあったそうだ。坂本が、9年ぶりにポップ・フォーマットに寄せた『CHASM』を発表した翌年というタイミングでもあった。『戦場のメリークリスマス』と『ラストエンペラー』のテーマ、YMOの曲など、セットリストは自分のファン以外にも通じやすいフェスむけになっていた。

とはいえ、会場にいた私は、観客の微妙な空気を覚えている。『CHASM』の韓国語のラップが入った「undercooled」、デヴィッド・シルヴィアンが歌った「World Citizen」は声の音源を流しつつバンド演奏する形をとった。だが、フェスというものは、様々なアーティストが目の前に現れ、運がよければゲストまで登場するお祭り感が楽しいわけだ。声を発している人をステージ上に探し、録音だけで本人不在とわかった聴衆にしらけたムードが漂ったのは否めない。坂本のヴォーカル軽視の悪い面が現れたように思った。それだけに最後に元《はじめ》ちとせが出演して歌った「死んだ女の子」は、インパクトが強かった。

フェス前夜にもTBS系『筑紫哲也NEWS23』にて坂本のピアノで元が歌った同曲は、放送日と同じ8月6日に広島の原爆で亡くなった少女の視点で作られたものを、2人のコラボで発表したのだった。8月は広島に次いで長崎に原爆が投下された9日、終戦の15日と戦争関連の記念日が続く。同時期のフェスでは、出演者が戦争に言及し平和を願うコメントをすることも珍しくない。だが、曲名そのままのフレーズが出てくる「死んだ女の子」ほど、生々しい言葉で歌われるメッセージソングは滅多にない。この時期にこの歌を届けることにした坂本は、過去とは違い、歌の力を信じるようになっていたと想像される。

福島第一原発の事故が起きた2011年に坂本は、「SIGHT」49号（11月号）で脱原発の立場から渋谷のインタヴューを受け、それはロッキング・オンの単行本『私たちは、原発を止めるには日本を変えなければならないと思っています。』に収録された。坂本の呼びかけで2012－2019年に開催された脱原発がテーマのフェス、NO NUKESにはロッキング・オンが企画制作にかかわり、最初の開催発表の記者会見では渋谷が司会進行を務めた。二人とも、過去の傍若無人な言動から社会派へと大人になっていたのだ。

ダウンタウンに

好きな人としかやらないですからね。

フジテレビ「HEY! HEY! HEY! MUSIC CHAMP」1997年6月2日放送。

これは、大貫妙子のシングル「Happy-go-Lucky」（1997年）を編曲した坂本龍一が、彼女とダウンタウンの番組に出演した際の言葉だ。彼は1990年代に俳優の中谷美紀の音楽活動にかかわり、「砂の果実」（1997年）のヒットでやはり2人で同番組に出た。少し前にはGEISHA GIRLS（ダウンタウンの変名）もプロデュースしていた。コラボが続いたことを踏まえ、松本人志は「いろんな人とやりますよね。好きなんですよね」といったのに対し、坂本は「好きな人としかやらないですからね」と応じたのである。同席した大貫が元カノであるのを意識した軽口だったかもしれないが、「いろんな人とやりますよね」にはダウンタウンも含まれていたし、彼らも坂本の「好きな人」のうちだったはずだ。

しかし、番組から4年後に刊行された作家・天童荒太との対談集『少年とアフリカ　音楽と物語、いのちと暴力をめぐる対話』（2001年）で坂本は、「ダウンタウン理論」と称して彼らを批判する。ダウンタウンの前と後で日本人の心は大きく変わったと、坂本は指摘する。権威を笑って失墜させたいという二人の芸風は、規範があった時代には面白かった。だが、挑発すべき権威のなくなった現在は、「どんくさいやつをいじめてなにが悪いの」というものになった。ダウンタウンが社会のスタンダードになり、子どもたちは二人そのままにいじめをしている。坂本は、そう主張したのだ。

彼は、権威を笑う態度の原型は、1960年代に若者だった自分たち世代と認め、ダウンタウンの先行者にビートたけしがいたとしている。自分の立ち位置に自覚的な姿勢をみせたわけだが、「好きな人」へ手のひら返しした印象は否めない。坂本はフジテレビ『ダウンタウンのごっつええ感じ』の1990年代半ばの放送で、尻に茶色いシミを着けたブリーフ姿でコントに登場したほか、浜田雅功がどつき倒した着ぐるみの中身は坂本だったというドッキリで、浜田にどつき返した。彼らの下品さ、暴力性に嬉々として加わっていたのだ。その時から天童との対談収録までどれほど社会が変わったか、疑問である。

2023年に松本の性加害疑惑報道が出て以来、「ダウンタウン理論」への注目で『少年とアフリカ』に言及する人が、SNSで少なくなかった。だが、同書を今読むと違和感は、ほかの部分にもある。対談集は、坂本が音楽活動に関与した中谷美紀が、天童の小説が原作のドラマ『永遠の仔』（2000年）に主演し、メインテーマ「LOST CHILD」と中谷の挿入歌「こわれたこころ」を坂本が作曲したのがきっかけで作られた。『永遠の仔』では、児童虐待を受け養護施設で育った男女3人の子ども時代と社会人になってからの両方で事件が起きる。このため、対談では子ども関連の話題が多く、坂本が少年時代に『大脱走』（1963年の映画）ごっこをした思い出など微笑ましい話がある一方、虐待、い

じめ、少年犯罪の問題が語られる。「ダウンタウン理論」もその文脈で出てくる。対談で坂本は、少なからず乱暴なことをいっている。彼は、いじめで子どもが死んでも日本で復讐《ふくしゅう》した親はいないと話し、「僕は殺したやつを殺しに行く」といい放つ。それに対し、『永遠の仔』執筆と発表後の読者の反応で子どもにまつわる事件の関係者に接してきた天童は、坂本の気持ちはわかると受けとめつつ、当事者はなかなかそういかないと返す。坂本はガンジーの非暴力主義に言及しつつ、相手を殺してから悩めばいいと語る。また、子に暴力をふるった人間を極刑にしない法律は無意味だともいう。天童はそんな坂本に戸惑いながら、冷静になだめようとする。対談での言及はないが、矢野顕子との結婚後にべつの女性との間にもうけた息子(坂本最後のピアノ演奏を撮影した映画『Ryuichi Sakamoto | Opus』2024年を監督した空音央)は当時10歳近くであり、坂本には彼への思いがあったかもしれない。大学時代に結婚した女性、矢野との間にもそれぞれ子がいて、必ずしもいい父ではなかったという悔いが、強い言葉の理由とも想像できる。

『少年とアフリカ』での坂本は、「三年間、ひとりの女とセックスし続けるのって無理」、「日本の国語を英語にしろ」など、疑問を感じる言い分が散見される。同書は「少年」と題した前半と、「アフリカ」の章題で坂本が同地域へ行き感じたことを話すのが中心の後半で、対談が複数回行われた。終盤では坂本が、子どもが殺されたら仕返しに殺すという考えを変えたと語る。「許さないけれども、でも殺すことにはつなげない、そこを考えていく思考力が人間にはあるんじゃないか」と話し、天童を安心させる。

今、この本に違和感があるのは、3月に同書が刊行された2001年の9月11日にアメリカで同時多発テロが起こり、同国が報復としてアフガニスタンを、次いでイラクを攻撃したのに対し、坂本が非戦を訴えたからだ。仕返しに殺す発言は非戦とは逆の立場だし、彼にとって『少年とアフリカ』終盤でみせた態度変更を強く後押しする衝撃が、9・11テロにあったということだ。翌年、アフガニスタンを取材した辺見庸との対談集『反定義新たな想像力へ』（2002年）で戦争や世界情勢について語った坂本は、『少年とアフリカ』とは違う真摯《しんし》な姿勢をとっている。また、以前から人類学に興味があった坂本は、人類発祥の地アフリカへ旅していたが、9・11後は人類の歴史への疑問が強まり、アフリカへの関心が深まって再訪した。『エレファンティズム』（2002年）のドキュメンタリー映像と音楽には、そんな彼のアフリカへの思いが記録されている。

これら一連の経過をふり返ると、「ダウンタウン理論」とは、坂本が姿勢を変化させていく過渡期の思考だったととらえられる。

中沢新一に

ぼくがいま20歳くらいでプログラミングができたら、
縄文というOSをつくりたいですね。
縄文ぽいと感じる音楽をやったりというのは
いわばアプリケーションやファイルであって、
それよりもぼくらの思考法を決定しているOSを
変更しないといけないと感じます。

坂本龍一　中沢新一『縄文聖地巡礼』2010年、木楽舎。

坂本龍一と中沢新一が、諏訪《すわ》、若狭《わかさ》・敦賀《つるが》、奈良・紀伊田辺、鹿児島など、縄文文化ゆかりの地をめぐる旅をして、歴史をふり返りつつ未来を考えた対談集が『縄文聖地巡礼』だった。引いた言葉は、最後の旅となった青森での対話の末尾で語られたものだ。

同書のプロローグでは、ニューヨーク在住の坂本が、2001年9月11日の同時多発テロに遭遇した後、友人に送ったメールが紹介されていた。「死ぬときは、母国語の通じるところで死にたいと思う。／と同時に、日本人とは何か？／もっと知りたいと思う（略）それを知らないと、いまの自分が見えてこない気がする」。そう考えた彼は、テレビ東京の番組『坂本龍一の日本再発見 ぼくの未来を探す旅』（2004年）で北海道と西表島で先住民族の文化を追った。また、縄文をたどる青森の旅に同行したのが中沢である。翌年、中沢は東京における縄文の記憶を掘り返し、都市の地図を多層化する『アースダイバー』を刊行。そして、関心が共通する二人は『縄文聖地巡礼』を上梓《じょうし》したのだった。

ニューアカ流行期に坂本は、浅田彰だけでなく彼と並ぶ論客だった中沢とも面識を得たという。空想の本を紹介した坂本の『本本堂未刊行図書目録 書物の地平線』（1984年）では、タイトルが予告されただけで未刊だった中沢の南方熊楠《みなかたくまぐす》論『森のバロック』（1992年）をとりあげていた。だが、1980年代の坂本を知る人にとって、彼が中沢と本を出すとは、予想できなかっただろう。中沢は『チベットのモーツァルト』（1983年）で注目されたが、それ以前に『虹の階梯《かいてい》 チベット密教の瞑想修行』（1981年）なる体験記が師との共著であった。宗教学者の彼は、浅田と同様にフランス現代思想の影響下にあったが、神秘主義に傾倒し、ニューエイジ思想と親和的だった。だが、YMO時代の坂本が、細野晴臣の神秘主義、スピリチュアリズムへの接近を嫌ったことは知られている。ものごとをロジカルに解析しようとする同士の坂本と浅田の結びつきが強くなったのに対し、細野と中沢が各地の神社を訪ねた文化をめぐる対談集『観光日本霊地巡礼』（1985年）をまとめたのは、いかにも対照的だった。

当時の神秘主義は新興宗教ブームと連動しており、1995年の地下鉄サリン事件などオウム真理教の問題もその土壌に発生したのである。事件後の座談会（「批評空間」第II期第9号、1996年4月）で浅田彰から「だいたい、細野晴臣と中沢新一がテクノ・オカルティズム、坂本さんとぼくがテクノ・マテリアリズムっていう感じで、友好的な中でも闘争を続けてたわけじゃない？」と話をふられた坂本は「それにしても、細野さんや中沢さんにはオウムに関して責任があると思うんだけど」と厳しい言葉を発していた。

そうした過去も意識したのだろう。『縄文聖地巡礼』では中沢が、『観光』の時に細野が

「坂本くんはこういう、神社をまわったりするの、批判的なんだろうね」と漏らしたことを明かす場面がある。坂本はそれに直接的応答はしていないが、訪問先で神社や祭りにも訪れた『縄文聖地巡礼』は、『観光』とコンセプトの点で似た面がある。中沢は『観光』は「いろんなものをひたすら軽くしていく旅」だったが、『縄文聖地巡礼』は「マジメな対談ですから(笑)」と冗談めかしながら、過去との違いをうかがわせた。一連の経緯を踏まえると、二人それぞれに1980年代からの心持ちの変化が感じられる内容なのだ。

年齢を重ね、多数の死者を出した大規模なテロを間近で見た坂本が、「日本人とは何か?」を考え、縄文文化への興味を膨らませる。この部分に注目すると、加齢した文化人にありがちな日本回帰のように感じられる。後に彼は、2013年に狂言師の野村萬斎《まんさい》とのコラボレーションで能作品を上演したことに触れ、「ぼくは能楽や歌舞伎、お茶やお花など日本古来の伝統芸能とされるものを、ナショナリズムや軍国主義を想起させるような気がして、長いこと忌避してきました」(『ぼくはあと何回、満月を見るだろう』2023年)と語った。だが、アフリカで鳥の美しさに惹きつけられたのをきっかけに、花鳥風月といった日本の伝統芸能に関心を持つようになったという。後年の彼は、若い頃の左翼的な強《こわ》ばりが薄れたのである。とはいえ、日本の伝統をかえりみるといっても、きっかけはアフリカであり、母国の歴史を国際性で相対化する視点があった。そうした考え方は、『縄文聖地巡礼』の出発点にもあったものだ。

坂本と中沢が縄文に注目したのは、国家の成立以前であり、経済が等価交換ではなく贈与だった昔を考えることが、9・11テロに象徴される資本主義やグローバリズムの世界的問題を考え直す契機になるとの発想からだった。対談で坂本は「たとえば美空ひばりを聴いていると、ぼくにはアラブ音楽に聞こえるわけですよ。どこかで水脈はつながってるはずだと思う」といい、国家の枠組みを越えて様々なルートで文化が伝播し影響しあっているることをたどりたいという願望を語っている。同発言の直前に言及されたソロ作『NEO GEO』(1987年)のタイトルは「新しい地図」を意味し、内容も沖縄民謡をとり入れるなどワールド・ミュージック的だった。彼は、東京藝大時代から小泉文夫の講義を受け、民族音楽に関心を持っていたし、アーティスト活動でもその種の関心を早くから表現していたのだ。坂本作詞のYMO「ONGAKU」(1983年)での「ぼくは地図帳拡げてオンガク」という一節など、彼の思考をよく表現していたといえる。したがって「縄文というOSをつくりたい」発言も、ただ過去に回帰したい保守主義ではなく、異質な多様性に開かれた世界が理想だと表明したものだったのだ。

福岡伸一に

「ロゴスVSピュシス」、あるいは人間と自然の対立について、
なかなか解決は難しいと思います。
一つ言えることはロゴス化されたものを
一度実際のものと思ってしまうと、
何事もそれを前提に考えてしまい、
実際の自然であるピュシスとは
どんどん剥離してしまうということです。

坂本龍一 福岡伸一『音楽と生命』2023年。2017年にNHK Eテレ「SWITCHインタビュー 達人達」で放送された対談、2020年の往復書簡を加筆修正した内容。

生物学者の福岡伸一と坂本龍一は、ともにニューヨークを拠点とし、20年ほどの交流があったという。テレビで放送され、書籍版が結果的に坂本の死の直前に刊行された二人の対談は、彼が2014年に中咽頭ガンであると公表して闘病に入った後、2017年に8年ぶりのオリジナル・アルバム『async』を発表した時期に行われた。対談での坂本の発言は、若い時期から持続している生物学への知的関心と、闘病を経験し生死を自分のこととしてとらえるようになったその思いが、入り混じったものになっている。

二人の対話で軸になったテーマは、ロゴスとピュシスの対立である。引用した発言も、その流れで出てきたものだ。言葉、意味、論理を示すロゴスという単語は、ここでは人間が見出した法則、人間が作り出した秩序を指すものとして使われている。自然を意味するピュシスは、ロゴスに収まらないものとして受けとめられている。坂本の盟友の一人、浅田彰の『構造と力　記号論を超えて』(1983年)にキーとなる用語として、ピュシスが登場したのを記憶する人もいるだろう。ニューアカデミズム流行の発火点となった同書では、ピュシス(自然の秩序)のままでは生きられない人間が打ち立てた象徴秩序(人間の秩序、文化の秩序)と、そこからはみ出すカオス(錯乱せる自然、混乱)の対立をこの世界にみることが、議論の出発点となっていた。『構造と力』と『音楽と生命』ではピュシスの位置づけにやや違いがあるものの、世界を静的にとらえるか、動態的にとらえるかという枠組みでの思考に坂本が共感していることは、彼が様々な文化人との対話を始めた時期から一貫している。

坂本が村上龍とホストになった連続鼎談『EV.Café 超進化論』（１９８５年）には浅田が招かれるとともに、霊長類学者の河合雅雄《まさを》も登場した。河合の回では、彼が教えを受けた生物学者、人類学者の今西錦司の進化論への言及があった。環境に適応した生物が生き残るとするダーウィン進化論の自然淘汰《とうた》説に対し、今西は「進化というものは、変わるべくして変わるのだ」と語った。かつて河合たちと議論したその今西進化論について福岡が、ロゴスに収まらないピュシスをみる視点として話題にし、坂本との会話が広がっていく。また、坂本が、河合のサル学の本をきっかけに生物学の本を読み漁ったと回想する場面もある。

福岡は、絶えず部分が入れ替わりながらも、全体の恒常性が保たれている状態を動的平衡と呼んだ。それは生命体に関する着想だったが、組織や社会にも応用可能な見方であり、世間の福岡への注目を高めることになった。また、動的平衡は、静態と動態の間で考えてきた坂本が、共感する考え方でもあったのだ。坂本は『坂本図書』（２０２３年）で今西錦司の代表作『生物の世界』を評した際、どんな生物でも相互影響のもとに生きているという彼の見方は、「福岡伸一さんの言う『動的平衡』そのもの」と述べている。さらに『坂本図書』では、池田善昭・福岡伸一『福岡伸一、西田哲学を読む　生命をめぐる思索の旅　動的平衡と絶対矛盾的自己同一』を評するなかでロゴスとフィシス（『坂本図書』ではピュシスをそう表記している）に触れ、「僕はロゴス的ではないフィシスの音楽を作りたいと思っている」と語っている。『坂本図書』でのそれらの言葉は、テレビ放送された福岡との対談の後のものであり、彼の議論への傾倒ぶりがうかがえる。

『音楽と生命』では、ロゴスとピュシスの対立を坂本のフィールドである音楽にひきつけて語る場面が目立った。科学では再現性が求められるのに比し生物の現象が一回性であるのに似て、音楽は一回性のものである半面、複製された同一性で共有が可能になる。情報が記された遺伝子と実際の生命の関係は、楽譜と音楽の関係とパラレルだ。生物と音楽をめぐり、そのようなロゴスとピュシスの様々な対比を追うなかで坂本は、若い頃は無機的で数値化されたデジタルな音楽作りをしていたが、現在は考え方が変わったと話す。「それで今は、ピュシスとしての脳を持ち、非線形的で、時間軸がなく、順序が管理されていない音楽というものを作れないか」と意図して製作したのが、『async』だったという。

タイトルが非同期を意味する同作は、テクノの手法でズレがなく過剰に同期していたYMO時代と反対の発想に立っている。それは、楽譜万能主義への懐疑ともつながった姿勢である。アルバムでは、鍵盤を普通に弾くだけでなく、ピアノに使われた木材や金属という自然物を鳴らし、音の予測不可能性が広がる内部奏法も曲に使われている。坂本はある時期からピアノの調律をやめたといい、「人工的に作られたピアノを元の自然に戻してあげたい」と思うようになったと話す。実際、彼は『async』以外にも、ニューヨークの自宅の裏庭にピアノを置いて風雨にさらし、自然に還っていく様子を観察する実験もしたのである。そこには、ピュシスの一回性を受容した晩年の死生観が現れていたようだ。そのピアノは、今はニューヨーク州北部にある友人のアーティスト宅の庭に移され、坂本の死後も朽《く》ち続けている。

『音楽と生命』で坂本は、死について「この動的平衡には抗えないし、また逆らわないほうがいいと思っています。ただし、少しでも長く生きていたいというのも、偽らざる思いです」と揺れる気持ちを明かしていた。また、「僕の体は地に還って微生物などに分解され、次の世代の一部となって『再生』することでしょう」と語っていた。そうして未来の動的平衡を想像することで、自らの生死の意味をつかもうとしたのだ。

高谷史郎に

そういう時間の呪縛から離れたくて、
いろいろな苦労をしてきたわけです。
（略）本番になって、もっと長く弾きたいといっても、
映像が約束事になってしまうから、
勝手に長くしたり変更したりできない。
本当に不自由な世界で、それがイヤでね。

坂本龍一、高谷史郎著、浅田彰監修『LIFE-TEXT』2010年。

1984年に京都市立芸術大学の学生たちが、ダムタイプというアーティスト・グループを結成し、音楽、美術、ダンスなどを横断しつつ、ヴィデオ、コンピュータなどを使ったマルチメディア・パフォーマンスを展開した。彼らは、ヒエラルキーのない集団でメンバーが入れ替わりながら活動を続ける。1995年に中心的存在の古橋悌二《ていじ》が亡くなって以後は、共同創設者の高谷史郎が、リーダーではないが全体を統括する役割を担っている。

高谷は、浅田彰に坂本龍一を紹介されたという。1998年より個人の制作活動も始めた彼は、坂本初のオペラ『LIFE a ryuichi sakamoto opera 1999』(1999年)で映像担当を依頼される。オペラといいつつ、歌手たちが演じる形式ではなく、オッペンハイマー、チャーチルといった歴史上の人物の演説、ローリー・アンダーソン、ピナ・バウシュなどアーティストのインタヴューを織り交ぜて20世紀をふり返る内容だった。坂本とのコラボでその後により大きな意味を持ったのは、『LIFE』から派生したインスタレーション『LIFE―fluid, invisible, inaudible...』(2007年)だろう。それが開催された際、浅田彰がモデレーターとなり、坂本龍一と高谷史郎が行ったアーティスト・トークで語られたのが、「時間の呪縛」から離れたいという、引用した坂本の言葉である。

彼はコンサートの演奏に関し、「どうしてはじまったら途中で終われないのだろう」と思っていたという。映像やライティングと音を同期させるライヴ演出が広まっていた。テクノを大衆化した彼は、あらかじめプログラミングされた演奏や、イヤホンに信号で送られるカウントを聞きながら鍵盤を弾いていた。他の演出がないピアノ・ソロなどでなければ、その場での感じ方でテンポを変えたり、演奏を自由に長くしたりやめたりはできない。自分で選択したとはいえ、事前の決定に縛られてしまう。『LIFE』も、同様だった。

そんな「時間の呪縛」から逃れるため、『LIFE』を解体、再構築したインスタレーションが、『LIFE — fluid, invisible, inaudible....』だった。宙に浮かんだ9つの水槽に充満した霧へ映像が投影され、刻々と形を変える。対応して設置された9つのスピーカーから音が発せられる。来場者は歩き回ったり寝転んだりしながら、光と音の移ろいを感覚する。そこには、始まりも終わりもない音楽、リニアな時間軸の展開をしない映像があった。

以後も2人は、京都の寺でインスタレーション的なパフォーマンスをする「庭園シリーズ」を催すなどしたが、コンセプトとして象徴的だったのは、2017年の坂本のアルバム『async』に連動して催された『設置音楽展』、『設置音楽2 IS YOUR TIME』だ。『async』は非同期をコンセプトとして非楽音も用いた内容であり、過剰な同期のテクノとは反対の方向性である。創作意識の変化には、2014年に中咽頭ガンが発覚し闘病を経験した影響もあっただろう。「あまりに好きすぎて、誰にも聴かせたくない」とコメントした坂本は同作に関し、ステージの演奏を客席で聴く通常のコンサートは開かなかった。代わりに各所のスピーカーから出る音を来場者が自由に聴く『設置音楽展』を開き、『設置音楽2』では音楽家がPAで拡声しないまま会場を巡りつつ演奏することも行った。時間に縛られず、演奏家も聴き手も立ち位置を固定されない非コンサート的な場所を設けたのだ。

坂本の1980年代を代表するメディア・アート・パフォーマンスといえば、浅田彰のコンセプト、RADICAL TVの映像で制作した『TV WAR』(1985年)である。そのサウンドは、戦争や工場に美を見出し、速度を称揚した20世紀初頭のイタリア未来派芸術の詩に由来するレーベル名のZTT(アート・オブ・ノイズ、フランキー・ゴーズ・トゥ・ハリウッドなど)が、派手なサンプリング音と爆音のリズムで注目された同時代を意識していた。坂本は翌年、『未来派野郎』(1986年)と題した同路線のソロ作を発表する。だが、坂本と高谷の一連のコラボは、騒々しい『TV WAR』とは、対極にあった。

2人がたどり着いたのは、2021年にオランダで初演されたシアターピース『TIME』である。スクリーンに高谷による「夢の世界」の映像が流れるなか、舞台上に張られた水を舞踊家の田中泯が、人類の象徴としてゆっくり歩む。一方、簡単に水場を渡る笙奏者の宮田まゆみは、自然を表現する。夏目漱石『夢十夜』、謡曲『邯鄲《かんたん》』、荘子の「胡蝶《こちょう》の夢」といった夢を題材にしたテキストが引用される。『TIME』では、坂本と親交のある福岡伸一が、コンセプト立案協力でかかわった。ピュシス（自然）と、それを制御しようとするロゴス（論理、言語）の関係をめぐる福岡の議論が、『TIME』には反映されていた。

能を意識した内容であり、若き日の坂本がビラをまいて批判した武満徹のジャパネスクな方向に接近したともいえる。だが、坂本は、武満が『遠い呼び声の彼方へ』（1992年）所収の「時間《とき》の園丁」で無限の時間のような音楽を作ろうとしたと語ったのに対し、『TIME』は「時間は幻想である」というメッセージであり、時間の否定に挑戦したと述べている（『ぼくはあと何回、満月を見るだろう』）。坂本が2020年に直腸ガンと診断され余命宣告を受けた翌年に初演を迎えた『TIME』は、限られた時間、死期を意識して構想が固められただろうし、時間の否定というテーマには悲痛さが感じられる。『LIFE—fluid, invisible, inaudible…』と同様に『TIME』で中核的な位置にある水は、始まりも終わりもない時間を表現しているのだろう。大森荘蔵と対談した過去から坂本が抱えていた時間という問題意識は、高谷というコラボレーターを得て、晩年に1つの帰結をみた。2023年に亡くなった坂本は、2022年にダムタイプの新メンバーとなっていた。

浅田彰に

このようなスタンダード（標準）の選定は、
たんに広くバランスのとれた知識だけによっては不可能でしょう。
場合によっては、選者が個人的なこだわりから
特殊な音楽を選ぶことがあってもいい。
（略）文化の規則性からはみ出した例外であるからこそ、
いつでもどこでも新しく響く――
それこそが本当の「古典（クラシック）」
と言うべきではないでしょうか。

『commmons: schola』2008年。

掲げた文章は、他の人の項目で引用した文章とは性格が異なる。これは、坂本龍一の総合監修による「音楽全集」と位置づけられた『commmons: schola』(2008年〜)シリーズで毎回冒頭に載せられた「scholaのために」という宣言文的なまえがきの一部だ。同企画は17巻まで、クラシック、非クラシックを問わず、様々な音楽の領域から厳選した楽曲を集めたCDと、専門家たちによる座談会や解説のブックレットで各巻が構成されていた(書籍のみにリニューアルした18巻で休止。同シリーズ企画はNHKで「スコラ 坂本龍一 音楽の学校」としてテレビ番組にもなった)。そして、企画の意図を述べた「scholaのために」は、現代思想の批評家であると同時にクラシック通であり、多くの巻の座談や解説も務めた浅田彰と、監修者・坂本龍一の連名で発表された文章なのだ。それは、読者への態度表明であると同時に、坂本と浅田が互いの姿勢を確認しあった言葉でもあるだろう。

『commmons: schola』以前から坂本の企画に浅田はしばしばかかわり、対談や座談会で顔をあわせる機会も多かった。坂本によると二人の初対面は、浅田が思想書としては異例のベストセラーとなった『構造と力 記号論を超えて』(1983年)を出版した直後だったという(松井茂・川崎弘二編著『坂本龍一のメディア・パフォーマンス マス・メディアの中の芸術家像』2023年)。浅田は1983年のエッセイ「リトゥルネッロ──

〈ソン・メタリック〉の消息」(『ヘルメスの音楽』1985年所収)で「YMOのシンセサイザー奏者」が「吉本隆明や廣松渉の著書に暗に言及するという、信じがたくアナクロニスティックなペダントリーを見せる(あるいは、そのアナクロニズムもまたひとつの演出か?)」と嫌味を書いていた。だが、坂本と村上龍がホスト役だった鼎談集『EV.Café 超進化論』(1985年)への参加(1984年収録)、高橋悠治の活動に関するカセットブック『水牛楽団 休業』(同年)の坂本との共同編集などを経て、2人は親しくなっていく。

『EV.Café』の鼎談で坂本と浅田は、数学的に音楽をあつかおうとしたヤニス・クセナキスの話題で盛り上がっていた。彼らはこの世のことがらに関して、形式としてとらえられる部分はできる限りそうするという態度が共通する。それは、彼らが尊敬する思想家・柄谷行人の傾向を受け継いだものでもある。浅田は『構造と力』について、学習参考書のようなチャート式で書いたと強調していた。坂本の選んだテクノの方法論もそうだが、彼らは形式として対象を把握することで情緒的な反応を避け、効率的かつ冷静な判断を下す人としてふるまったのだ。それは、若き日の2人が、既存の権威や慣習に抗うための手段だった。また、徹底的な形式化の外に真の希望はあるという思考でもあった。

ニュー・アカデミズムのスターとなった浅田は、ジル・ドゥルーズ&フェリックス・ガタリなどフランス現代思想を援用して執筆や講演などを行うなかで、幅広い知識を持った内外の思想の解説者という役回りを引き受けるようになる。それと似た立場を音楽の領域で演じたのが、坂本だったといえるだろう。クラシック、ジャズ、ロック、ポップス、民族音楽など、あらゆる音楽について語れる人というイメージが広がったのだ。資質の近い2人が、共同作業をするようになったのは自然ななりゆきだった。

彼らによる1980年代の代表的な仕事といえば、『TV WAR』だろう。1985年に開催されたつくば科学万博で、ソニーがジャンボトロンという巨大映像ディスプレーを設置した。『TV WAR』は、それを使って浅田彰のコンセプト、坂本龍一の音楽、RADICAL TV（原田大三郎、庄野晴彦）の映像により戦争をテーマにしたパフォーマンスを展開したものだ。リアルタイムで映像にエフェクトをかけ、ノイジーなインダストリアル・サウンドを轟《とどろ》かせたこの試みは、当時のテクノロジーの最先端を感じさせた刺激的な内容だった。さかのぼれば、1970年の大阪万博の鉄鋼館で武満徹が音楽を担当し、クセナキスや高橋悠治の電子音楽を響かせていたのだ。坂本や浅田は、彼らも関心を寄せた先人たちの過去の試みを意識していたのかもしれない。

また、坂本龍一が自身初のオペラとして制作した『LIFE a ryuichi sakamoto opera 1999』

（1999年）で浅田彰はコンセプト・デザイナーを務めた。『LIFE-TEXT』（2010年）には『LIFE』をふり返った坂本と浅田の対談が収録され、同作が20世紀音楽史の総括を意図したこと、様々な歴史的様式をコンテクストから抜き出してコラージュする1980年代のポスト・モダン建築と同様の手法を用いたことが語られている。坂本と浅田は1980年代にその種のポスト・モダニズムの寵児《ちょうじ》だったわけだが、当時と『LIFE』では彼らの立場は変わっていた。幅広い知識を背景に多くの事象を形式としてとらえる方法を、かつての彼らは、既存の権威や慣習への抗いに用いていた。だが、歳を積み重ね成熟した彼らは、次世代への歴史の継承を意識するようになる。1980年代の『TV WAR』は、破壊的な音と映像によって戦争の歴史を解体的に表現した。それに対し、20世紀の歴史を表現した『LIFE』でも戦争は大きなテーマとなっていたが、音や言葉の断片のコラージュは解体よりも総括（とりまとめ）を志向したものになっていたのである。

坂本が監修し、浅田も多く関与した『commmons: schola』の「音楽全集」、「音楽の学校」という発想も、歴史を継承しようとする意識のあらわれだ。とはいえ「スタンダード（標準）」を選定し、「文化の規則性からはみ出した例外」を「古典（クラシック）」として見出そうとする。形式化の外に希望を求める彼らの姿勢は、角度を変えて持続していたのだ。

村上龍に

論理の面で同じ土俵に立ってない。
こちらがなにを言っても通じないいんじゃないかって感じがするよね。
向こうがこちらの言うことをまったく聞く気がない
という気持ちわるさ。

村上龍、坂本龍一『村上龍と坂本龍一　21世紀のEV.Café』2013年。

坂本龍一と村上龍は、ともに名前に「龍」の字を持つ同じ辰年（1952年）生まれの長年の友人だった。だが、村上のデビュー作で芥川賞を受賞しベストセラーになった『限りなく透明に近いブルー』（1976年）に関し、坂本は最初、否定的な感情を持ったという。同小説は、米軍基地の近くに住む若者たちが、ドラッグやセックスに耽《ふけ》る日々を描いたスキャンダラスな内容で話題になった。坂本は2020年に自身のFM番組『RADIO SAKAMOTO』でこの小説を読んだ頃は、世間に触れてほしくない自分たちの世代の経験を「人の目に晒《さら》した」と反感を抱いたと回想している。だが、村上のことは気になって以後の小説も読み、3作目の『コインロッカー・ベイビーズ』（1980年）をすごいと思って彼の自宅へインタヴューしに行ったという。以来、2人のつきあいが続いたのである。

注目したいのは、2人の青年を主人公とする同長編では、片方が人に凶暴性を発現させる毒物を撒いて東京を破壊しようとするのに対し、歌手となったもう1人が街の混乱と自身の錯乱のなかで新しい歌を見出す結末であることだ。ヴォーカルを楽器と同様のサウンドの要素ととらえ、歌を特別視していないことを坂本は繰り返し発言していたが、彼は同作の結末をどうとらえたのか。詳しい感想は語っていないようだが、興味を引く。

その後、東京混声合唱団から曲を依頼された坂本は、村上に執筆を依頼し「小説」と題した作品を用意する。村上のテクスト＝詞はタイトル通り小説であり、歌というより朗読に近く、そのことによって声の音響でどう表現するかに力点を置いていた。村上らしく性的で汚い言葉も多い内容に拒否反応を示す団員もいたが、1982年に上演されている（坂本龍一『Year Book 1980-1984』収録）。坂本も村上も高校でバリケード封鎖を行った過去があり、既存の価値観に反抗したいという気風で共通していたのだ。

音楽好きであり、デビュー作で「ロックとファックの世代」と称された村上は、坂本と同じくロックは長髪という時代の青春期を過ごした。この小説家は、初期には感性の鋭敏さが評価されたが、テクノロジーや思想、経済への関心を深め、学習意欲をみせた1980年代に創作態度を変化させる。もともと学究肌でそれらの領域を追っていた坂本とともにホストとなり、現代思想の論客たちと語った『EV.Café 超進化論』（1985年）の経験は、村上にとって意味があっただろう。この鼎談シリーズは、デビュー作に続き、『だいじょうぶマイ・フレンド』（1983年。サントラに坂本も曲を提供）で村上が自作映画化の監督を務め、坂本が『戦場のメリークリスマス』（同年）で演技と映画音楽制作を行った余韻のなかで行われたのでもあった。2人の関心は、けっこう重なっていたのである。

村上は長崎県佐世保で生まれ育ち、上京してデビュー作の舞台となる福生に住んだ。いずれも米軍基地のある街である。このため、日本とアメリカの関係は、彼の創作活動で重要なテーマとなった。そんな彼は、『EV.Café』で「坂本がすごくかわいそうだと思うのは、やっぱり3歳からピアノ教育を受けたっていうことは、3歳から近代教育を受けてんだよね。それは、僕、いかんともし難いと思うんだ」と坂本の前でいい、本人も否定していない。ここでいう近代教育とは西洋（音楽）の枠組みに入れられたことを意味し、坂本も日本と西洋という村上と同様のテーマを背負っていたことがうかがえる。

往復書簡『友よ、また逢おう』（1992年）、坂本がみた夢の数々を村上が短編にした『モニカ 音楽家の夢・小説家の物語』（1996年）といった共著や、坂本のオペラ『LIFE a ryuichi sakamoto opera 1999』でホセ・カレーラスが朗読する文章「MONOLOGUE OF THE DEAD LETTERS POSTMAN」を村上が書くなど共同作業を重ねた。村上は自作『希望の国のエクソダス』（2000年）で、風力発電の羽根が風を切るノイズの音楽的処理をするアーティストとして「坂本龍一」を登場させる遊びもした。

この項目冒頭に掲げた坂本の発言は、80年代の座談集の続編『村上龍と坂本龍一 21世紀のEV.Café』（2013年）での村上との対話から。「論理の面で同じ土俵に立ってない」気持ち悪さとは、ことなかれ主義で責任をとらず、なにかと不明瞭にしたがるこの国のあり方への批判だ。彼の言葉は、東日本大震災の原発事故後の対応で、以前からあった日本の体質があらためて露わになった状況を踏まえ、発せられている。問題点を明確にして考えるという、「論理の面で同じ土俵」を求めることをかつての『EV.Café』から主張してきたのだし、坂本は村上を「同じ土俵」に立つ相手と認識してきたことがわかる。

坂本は、2020年に刊行された村上の長編小説『MISSING 失われているもの』を高く評価した。記憶がテーマであり、現実か脳が生んだ幻か、混然一体となり過去の迷宮に入りこむ内容だ。前作から『MISSING』まで、村上が記憶というものとむきあった5年間に関し坂本は、「もし僕が同じような精神状態に陥ったとしたら、一年も持ち堪えられないと思う。ましてや、それを言語化するという行為は筆舌に尽くしがたい」とまで語った。彼は村上のデビュー作に反感を持ったが、自身の音楽に対し小説という、別の表現手段を選んだ同じ歳の友人が書くものに刺激を受けるようになっていた。それがここまでの激賞に至ったのは、時間という坂本の生涯のテーマに響く作品だったからではないか。

『21世紀のEV.Café』の村上との対談で坂本は、「これまでのパターンからすると、次の『EV.Café』は2026年ぐらいの予定だけど（笑）」といっていた。残念ながらその「次」は、失われたのだった。

第3章 社会

柄谷行人／筑紫哲也／鈴木邦男／塩崎恭久／東北ユース・オーケストラ／坂本一亀

柄谷行人に

すばらしいじゃないですか、啓蒙は。

「『啓蒙』はすばらしい」初出「文學界」1995年2月号。『柄谷行人発言集　対話篇』2020年所収。

この発言に柄谷行人は「啓蒙はすばらしい(笑)まあ、戦後五〇年たってるけど、何も――」と返し、坂本龍一は「啓蒙されてないわけですね」と続けた。対談のタイトルは『啓蒙』はすばらしい」となっているが、柄谷の返答が「笑」混じりであるように、収録された1994年10月時点では、まだ冗談の響きがあった。だが、以後の二人が社会への啓蒙に傾斜していったのは、周知の事実である。柄谷は、1980年代の現代思想や文学で強い影響力を持った存在であり、本書では「文化」の章に分類してもよかった。そうであるのに「社会」の章に分類したのは、1980年代に理論重視でいわば高踏的に見えた坂本と柄谷が、1990年代以降、社会への働きかけを強めた点で共通するからだ。

内面があるから告白するのではなく、告白という文学の形式が導入されたため、逆に「内面」が仮構された。名所旧跡とは異なる、個人の心象を投影するような「風景」は、最初からあったのではなく近代に発見されたものである。柄谷は『日本近代文学の起源』(1980年)でそのような認識の転倒を指摘した。一般的に感性と呼ばれるものが、文学という制度によって成り立っていると論じたのだ。また、学問・芸術の諸分野、言語・数・貨幣などについて、なかの項同士の関係や規則に着目し、それぞれを人工的に閉じた形式体系として考察した『隠喩としての建築』(1983年)も、論壇や文壇に大きな影響を与えた。感性を自然なものではなく制度ととらえ、特定の分野を項同士の体系として抽象化し理論的にとらえる。そうした柄谷の関心事は、坂本が学んだ現代音楽や音をシンセサイズ（総合、合成）するテクノと通じる。このため、二人は互いに親近性を感じていた。

『EV.Café 超進化論』（1985年）の村上龍も同席した鼎談で柄谷は坂本に対し、大瀧詠一の「分母分子論」を読んで『日本近代文学の起源』の音楽版がやれたかもしれないと思ったと話している。細野晴臣のはっぴいえんど時代の同僚でもあった大瀧は、明治以後の日本の音楽は、西洋音楽を分母として発展したと論じており、柄谷はそのようなあり方は社会的・制度的だというのだ。また、『隠喩としての建築』所収の「リズム・メロディ・コンセプト」は、同種の発想で書かれており、「音楽のつくり方が、私なんかが今やっているようなデジタル的な方法に変化していくと、耳が変ってしまう」という坂本の言葉に触れ、彼は「伝統的な感性（耳）もまたテクノロジーにほかならないことを承知している」と評していた。同エッセイには、下半身モヤモヤ＝リズム、みぞおちワクワク＝和音・メロディ、頭クラクラ＝コンセプトこそ音楽の三拍子とした細野の発言も引用されていた。その頃の柄谷と坂本などＹＭＯ周辺は、特定の分野を項同士の体系として理論的にとらえることで、既存の価値観を打破しようとする共通点があったといえる。

しかし、二人とも所属ジャンルで成功し発言力が高まる一方、世界情勢の変化を意識して言動が変化していく。坂本が渡米して間もない1990年に、クウェートに侵攻したイラクと、アメリカを中心とする多国籍軍との湾岸戦争が起きた。移住先の国の身近な人々が戦場へ行く状況を通して、自分は変わったと坂本は語っていた。例えば、後藤繁雄が編集した坂本の発言集『skmt 坂本龍一』（1999年）には、湾岸戦争当時に関し「80年代、僕は日本にいて、ポストモダンの知的なゲームの中にいたけれど、それが崩壊する同じ時期に偶然にもそれはあたった」との一節がある。直後に発表された『Heartbeat』（1991年）では、戦争への怒りがこめられた曲（「Triste」）があっても、社会的意見の表明はまだ控えられていたが、やがてためらわなくなっていく。

一方、ポストモダンを代表する批評家だった柄谷は、「湾岸戦争に反対する文学者声明」の発起人の中心となり、従来はやらなかった社会への直接的な呼びかけに踏みきる。「『啓蒙』はすばらしい」対談は、そういう時期を経て行われたものだ。そこでも音楽の形式化は話題になり、互いの思考の共通点が再確認されたが、坂本の次の発言には意識の変化があらわれていた。「「ポップ・カルチャーがメイン・カルチャーみたいになってて、もうどうでもいい、レアなものばかりが表に出てきて、誰も保守本流を知らないという状況になってきている。だから、もう世紀末だし、二〇世紀の保守本流を擁護しないとまずいという話をしてたんです」。坂本が「話をしてた」相手とは浅田彰であり、柄谷も坂本の話に肯定的だ。1980年代のように既存の価値観にただ異議申し立てをするのではなく、伝えるべきものは社会に伝えなければならないという啓蒙への肯定が示される。後に坂本が浅田の協力を得て監修した音楽の百科事典『commmons: schola』も、啓蒙の一環だろう。

柄谷は、2000年に資本と国家への対抗を目指す運動体NAM(New Associationist Movement)を結成し、地域通貨などの実践を試みる。坂本は、NAMへの参加を募るキャンペーンの一つで催されたシンポジウムに柄谷、浅田とともに登壇し、関連の出版事業といえる雑誌「批評空間」の再スタートへ出資協力するなどした。NAMは2003年に解散した短命の活動だったが、2011年の東日本大震災に伴う東京電力福島第一原子力発電所の事故後に起こった脱原発運動に柄谷、坂本が賛同するなど、その後も二人が同調する場面はあった。例えば、多くの論者による共著『脱原発とデモ　そして、民主主義』(2012年)には、当然のごとく柄谷と坂本の名があった。

坂本が社会に対するスタンスを変化させていく過程で、「ポストモダンの知的なゲーム」の先頭に立っていた柄谷の動向は、ずっと意識されていたように思われるのだ。

筑紫哲也に

プラトンはたぶんわかっていたと思うんです。
音楽をつくっている本人は純粋な気持ちだったとしても、使い方でどう
いうふうにもなる、と。それは僕も感じることがあります。

「時代とうた」初出「週刊金曜日」1999年10月15日号。『KAWADE夢ムック　文藝別冊　総特集　忌野清志郎　デビュー40周年記念号』2010年所収。

これは、坂本龍一が初のオペラ『LIFE a ryuichi sakamoto opera 1999』を製作し、忌野清志郎が「君が代」のパンク・ヴァージョンを発表した1999年に、彼らと筑紫哲也で行われた鼎談での言葉だ。そこでは、「君が代」をパンクにアレンジすることが、国歌への反発になるのか、逆に曲への親近感を高めるのかが話題になる。その後、ヒトラーに愛されたワーグナーの音楽について筑紫が、ワーグナーとヒトラーのどちらが悪いかという議論があるとしたのに対し、坂本はプラトンが『国家』で音楽の魔力を抑制せよと説いたことに触れ、先の言葉を語った。1990年代以降、リベラル派という坂本のイメージが世間に流布するうえで、リベラルなジャーナリストとして著名で、1989年から2008年まで『筑紫哲也NEWS23』(TBS)のキャスターを務めた筑紫とのかかわりは、少なからぬ影響があったと思われる。

筑紫は1980年代に「朝日ジャーナル」編集長だった際、若年層に支持される様々な分野の人物と対論する「若者たちの神々」を連載した。坂本も登場しており、書籍化された『若者たちの神々 筑紫哲也対論集 Part 1』(1984年)にやりとりが収録されている。そこで坂本は、YMOがファンから教祖のごとく崇拝される状況への拒否反応を語っていた。今読み返すと、音楽は使い方次第ととらえるようになった体験の一つと感じられる。

対論で坂本は、学生運動をしていた過去を語る一方、日本と心中する気はないとコスモポリタン気質をうかがわせた。また、「ぼくは、やっぱりどうしても天下国家を論じたくなっちゃう傾向があるからね」とももらしていた。このへんの発言には、リベラルな思考の部分で筑紫との親近性がうかがえる。ただ、この時点の坂本は天下国家に関心を持っても、政治的主張をすることには距離を置いていた。だが、1990年代以降の彼は、鼎談が掲載された「週刊金曜日」や「筑紫哲也NEWS23」のようなリベラル系メディアに登場する機会が多くなった。社会的なプロテストを示すことが増え、音楽の使い方も変わっていったのだ。

「筑紫哲也NEWS23」は1997年10月に大幅リニューアルする際、番組スタート時からの井上陽水作のオープニング曲やCM前のジングルを変更した。後を引き継いだのが坂本作「put your hands up」である。事前に筑紫と音楽担当ディレクター、TBSの金平茂紀（「筑紫哲也NEWS23」編集長）が、ニューヨーク在住の坂本を訪ねたという。だが、番組の歴史をまとめた金平の『筑紫哲也「NEWS23」とその時代』（2021年）によると、その時の会話に関する各人の記憶は食い違っている。

筑紫は著書『ニュースキャスター』（2002年）で、自然破壊を続ければ人類は生きられないと自然の持つ意味の大きさを話したら坂本の賛同を得たと記していた。だが、金平の記憶では、坂本はインターネットによるコミュニケーションの可能性をネガティヴな面も含め熱弁していたという。金平自身は、視聴者が求めるのは癒しだと坂本に伝えたつもりであり、できた曲はコンセプトにあっていると日記に書いていたそうだ。金平の著書では、あらためて坂本に電話取材している。彼は「うん、僕はあの曲をつくった時ねえ、『文化の多様性』ということを意識していたように思うんだけどねえ」と答えた半面、「『自然』？　『癒し』？」という反応だった。番組テーマ曲提供の2年後、坂本のピアノ曲「energy flow」が三共「リゲイン」CMに使われ、癒しの音楽と称されヒットした。だが、本人は音楽を癒しとすることに以前から批判的だったし、金平の見方は勘違いだと思われる。

「put your hands up」では、一定のビートのうえにエスニックなパーカッションがからみ、中国の二胡《にこ》が主旋律を奏で、アジア的な女性ヴォーカルが入った。ワールド・ミュージック的であり、なるほど文化の多様性を感じさせる。二胡の使用は、映画『ラストエンペラー』の音楽を担当した「世界のサカモト」らしい。しばしば日中関係の軋《きし》みを報じるニュース番組のテーマ曲に二胡が使われたのは、異文化間の融和を希望したようにも聴こえる。

坂本が国内外のアーティストに広く呼びかけ製作した地雷廃絶を訴えるチャリティ・シ

ングル「ZERO LANDMINE」(N.M.L. 名義)が発表された2001年には、TBS50周年特別企画「地雷ZERO 21世紀最初の祈り」が放送され、筑紫の司会で曲が披露された。同曲には日本の有名アーティストたちが参加する一方、やはり一定のビートに各国の民族音楽が織りこまれたパートがたっぷりあった。また、2004年の坂本『Chasm』収録の「War & Peace」では、普通の人々が戦争について語る声を集め、音楽の一部とした。「筑紫哲也NEWS23」では同曲で同趣向の日本人版を製作している。

筑紫が関係した一連の坂本の曲は、どれも文化の多様性を音で表現していた。『筑紫哲也NEWS23』には、筑紫が自らの見解を90秒にわたって述べる「多事争論」、特定テーマに関し街頭インタヴューで様々な意見を集める「異論！ 反論！ OBJECTION」という名物コーナーがあった。非戦のような自身の主張を打ち出しつつ、多様な声を集めた坂本と筑紫は、流儀に共通するところがあった。それは、民主主義的思考といっていいものだろう。肺ガン闘病のため筑紫が2008年に降板し(同年死去)、番組が冠を外した『NEWS23』となった時、テーマ曲に使われたのはHASYMO『The City of Light』だった。

鈴木邦男に

日本人である自分にしかできない音楽を
やるように心掛けることで、
何とか乗り切ってます。

坂本龍一、鈴木邦男『愛国者の憂鬱』2014年所収。

1990年代以降の坂本龍一は、非戦、反原発、地雷廃絶などを訴え、日本政府を批判する主張をたびたびするようになったことから、左翼の文化人というイメージが広がった。ところが坂本は、鈴木邦男との対談集を一冊になるヴォリュームで行っていたのである。

鈴木は学生時代から右翼・民族派運動にかかわり、一水会を結成した人物だ。1970年に作家の三島由紀夫は、自身が組織した楯の会のメンバーを率いて自衛隊市ヶ谷駐屯地で総監を拘束した後、割腹自殺した。自衛隊に決起を呼びかけた三島は失敗したが、一水会は同事件に触発されて作られたのである。その結成は、内ゲバによるリンチ殺人で世間を震撼させた連合赤軍事件が、彼らもその一部だった新左翼運動に大きな動揺をもたらしたのと同じ1972年だった。そんな転換期にスタートした一水会は、新右翼のなかで目立つ存在となる。特に鈴木邦男は、対立するはずの左翼の論客とも積極的に対話したことから、右翼の新世代という印象が強まった。彼は、坂本龍一も参加した筑紫哲也の対談企画『若者たちの神々』（「朝日ジャーナル」連載）にも登場したのだ。

そういった立ち位置の鈴木が、一般的に左翼的とみられる雑誌「週刊金曜日」を発行する株式会社金曜日の単行本で坂本と対談した。坂本は書名になった『愛国者の憂鬱』という右翼的なフレーズを、当時の心情として鈴木と共有していた。2人の組みあわせは、鈴木が右翼には珍しく反原発の立場だったために実現したといえる。2011年の東日本大震災で東京電力福島第一原子力発電所の事故が発生し、深刻な被害が出てから数年間、首相官邸前で脱原発デモが繰り返された。2012年にその集まりで偶然、坂本の隣に鈴木が座ったことが2人の出会いであり、対談へと結びついた。2人の対話は、意外に和やかに進む。鈴木が異なる思想の持ち主の意見を聞く耳を持ち、この時点でもう典型的な右翼とはかなり違う考えかたになっていたという背景はある。だが、坂本の変化も大きかっただろう。彼は、30代まで日本的であるのが保守的であり悪いことのように感じていたが、ニューヨークに拠点を移し40代になってからは考えが変ってきたと鈴木に話す。

対談の13年前、坂本がドイツでブラームス風の自作曲を演奏した際、極東生まれの自分がそういう類の音楽をドイツ人の前で弾いて悦に入るのは恥ずかしいことだという強烈な感覚に襲われたのだという。「つまり、『日本人としての音楽』をやってないじゃないかということなんです」と当時の心境をふり返る。かといって、彼は幼少期からヨーロッパ音楽の教育を受けているし、日本人全体も伝統的な邦楽から遠ざかっており、今からやってても借り物になってしまう。だから、「日本人である自分にしかできない音楽をやるように心掛けることで、何とか乗り切ってます」という心がまえが語られたのだ。

地方性や時間性を背負わない音楽を志向した若き日の坂本と比べれば、大きな変化である。ある種の転向といってもいい。右翼の論客を前にして、心情が驚くほど素直に表現されているのが面白い。2人は反原発に限らず、母国の現状への疑問でしばしば共感をみせる。例えば、公と個の関係で滅私奉公をよしとするありかたを、坂本も鈴木も批判する。

対話がスムーズに運んだ理由としては、鈴木が三島由紀夫、高橋和巳、小田実《まこと》など、坂本の父・一亀が編集者として担当した小説家の作品に親しんでいたことが大きかったようで、彼らの話題が出てくる。市ヶ谷の事件などで三島が右翼だと一般に印象づけられたのに対し、高橋は社会運動を題材にした小説を発表し全共闘世代によく知られた作家だった。

小田は、ベトナムに平和を!市民連合（べ平連）や九条の会の活動でも知られている。一亀は、右派と左派、両方の代表格を担当したわけで、息子もそれらの小説家に親しんでいた。鈴木が小田の海外体験記『何でも見てやろう』を称賛すると、坂本が海外に出たいと思ったのは同書の影響があったのかもしれないと語る一節もある。

また、鈴木が映画『ラストエンペラー』（1987年）への出演について尋ねると、坂本が自分の役だった甘粕正彦大尉をどのように追体験したかを話した。甘粕は、無政府主義者の大杉栄を殺害し、満洲国で謀略工作にあたった軍国主義の象徴的な人物である。さかのぼれば坂本が『戦場のメリークリスマス』（1983年）で演じたヨノイ大尉は、映画ではわかりにくいが、ローレンス・ヴァン・デル・ポストの原作小説『影の獄にて』では二・二六事件の決起に参加できなかったという、三島作品（『憂国』など）を思わせる設定だった。その意味で坂本は、戦時中のヨノイや甘粕を演じるなかで、右翼的な価値観を体験した面もあったといえる。彼も左だけでなく右も視野に入れていたわけで、鈴木と話が弾むのは不思議ではない。坂本が小学生の頃、「丸」（軍事、戦記の雑誌）を読んでいたともらす場面があるが、それは当時の男子には珍しくないことだった。坂本は、左翼一辺倒の生涯を送ったわけでもないのである。

対談の最後に鈴木から理想の国家像を質問された坂本は、「僕は国家というのはなるべく中立的な行政機関でいいと思っています」、「個と公が徳によってバランスがとれているような社会に、日本がまたなってくれないかと願っているんですが」と答える。それに対し、鈴木も「国家は〝小さく〟ていい」と応じる。鈴木の言葉は左翼的と思えるし、「徳によって」、「日本がまた」という坂本の方がむしろ愛国的で右翼的だとも感じられる。互いが互いの奥にあったものを引き出すような興味深い対談となっている。

塩崎恭久に

どの国の人間でも負債とかマイナスのものを
直視はしたくないと思いますが、
今そこにあるのに、たとえばガンでもいいですが、
それは間違いなく存在しているのに
無いことのようにしてしまおうとするでしょう。
やっぱり、それで長い間うまくいっていたんでしょうね。

「責任を取らず事実を隠蔽し、解決を先おくりするより、過去の失敗を認め、原因を検証して次代につなげなくてはならない」初出 村上龍主宰「JMM」2000年。『村上龍と坂本龍一　21世紀のEV.Café』2013年所収。

坂本龍一は、多くの分野の様々な考えを持つ人たちと対話したし、親しく交流したなかには意外な相手もいる。塩崎恭久が筆頭だろう。1993年の衆議院議員総選挙で初当選した塩崎は、自民党の世襲議員である。安倍晋三、石原伸晃などと政策グループを結成して主に金融問題にとり組み、第1次安倍晋三内閣の初入閣で内閣官房長官（2006年。拉致問題担当大臣兼務）という要職を務めた。また、第2次安倍内閣では厚生労働大臣（2014年）に就任した。2021年に政界を引退した彼は、安倍の盟友だったのだ。

一方、2011年の震災による原発事故発生後、坂本は反原発を支持する文化人として注目された。また、民主党から自民党が政権を奪い返し、2度目の安倍内閣がスタートした。彼らが押し進めた安保法制に対する抗議集会が2015年に開かれた際、ガンで闘病中だった坂本は、「私は今回の安保法制は正面から改正することなく、解釈によって憲法をなし崩しにしようという『クーデター』に近いものだと思っています」とメッセージを送っている。彼が、自民党の政策や姿勢におおむね批判的だったことは、疑いようがない。

しかし、坂本は、安倍に近い塩崎と長年の友人だった。塩崎は坂本の1歳上だが、小・中・高と同じ学校に通い、中学時代はともにブラスバンド部に所属、高校で塩崎がアメリカに留学し帰国してからはクラスが同じになり、友だちづきあいが始まったという。冒頭で引用した坂本の発言は、彼が村上龍に塩崎を紹介し、3人で鼎談した時のものだ。テーマは、2000年当時に政治課題だった金融ビッグバンと規制緩和だが、ブラスバンド部で部長だった塩崎が練習嫌いでさぼる坂本を叱ったこと、アメリカ帰りの塩崎と坂本がサイケデリックやヒッピーイズムの話で意気投合したことなど、思い出も語られていた。2人の関係に触れた他の記事などをあわせ読むと、塩崎がアメリカで入手したクリーム、ジミ・ヘンドリクス、ピンク・フロイドなどのLPで、坂本はロックへの興味を深めたらしい。面白いのは、都立新宿高校で坂本、塩崎の同級生に馬場憲治もいて、3人が親しかったことだ。坂本龍一と村上龍は学生運動が盛んな頃に母校でバリケード封鎖したことで共通するが、新宿高校で坂本と行動をともにしたのが塩崎、馬場だった。制服・制帽の自由化などを求め校長室に押しかけたほか、10日ほどストライキを行ったそうだ。

東京藝大入学、YMOの活動の後に世界的アーティストになった坂本、東京大学、日本銀行、ハーバード大学大学院を経て自民党の政策通になった塩崎に対し、馬場はホリプロで森昌子や石川さゆりに関わる仕事をし、退社してからフリーライター、カメラマンになった。彼を有名にしたのは、ベストセラーになった『アクション・カメラ術　盗み撮りのエロチシズム』(1981年)だ。サブタイトルの通り、盗撮の極意を記した点が、なんでも笑いのネタにした1980年代の浮かれた世相で面白がられたのだが、今ならポリティカル・コレクトネスの観点から激しく批判されるだろう。仲が良かった3人の後の姿が、天下国家を語る硬派と欲望を素直にさらけ出す軟派で振れ幅が大きくなったあたりは、新宿高校の自由な気風が反映されたのかもしれない。

『村上龍と坂本龍一 21世紀のEV.Café』の鼎談では、その硬派な部分があらわれている。同書は村上と坂本がホストになった『EV.Café 超進化論』(1985年)の続編だが、雰囲気はかなり異なる。以前の本は、国際的な経済競争力を高めた日本がバブル景気にむかう直前に制作され、登場したのは現代思想系の論客ばかりだった。カルチャーのほか社会問題も話題にしていたが、今読み返すと高踏的な議論が多い。それに対し、『21世紀のEV.Café』は「21世紀」と銘打たれたものの、1998－1999年に行われた座談シリーズが本の多くを占め、『EV.Café 超進化論』にも参加した浅田彰以外は、インターネットの専門家や持続可能社会を研究する環境経済学者が招かれている。1990年代初頭のバブル経済の崩壊後、1995年の阪神・淡路大震災とオウム真理教事件のショックを経て、1997年の山一證券、北海道拓殖銀行の破綻などで金融機関への不安が高まり、日本経済のさらなる低迷が顕在化した時代だ。インターネットが普及し始めた頃でもあった。

『21世紀のEV.Café』は、最後に2000年収録の塩崎との鼎談を、冒頭に東日本大震災の翌年2012年に収録された村上と坂本の対談を置く形で書籍化された。前の本より現実を直視しようとする姿勢が強まったのだ。

1990年代以降、坂本は社会派的なスタンスに傾いた。村上龍は、長編小説『愛と幻想のファシズム』(1987年)以降、経済問題への関心を深め、それが後のテレビ東京『日経スペシャル カンブリア宮殿 村上龍の経済トークライブ』(2006年-)への出演につながっていく。塩崎との鼎談は、そうした過程で催された。前述の通り、中心的テーマは金融ビッグバンと規制緩和であり、推進する立場の塩崎に坂本や村上はほぼ賛同する姿勢を示している。引用したように「どの国の人間でも負債とかマイナスのものを直視はしたくない」と語った坂本は、直視すべきと考えていた。彼は、行政や金融機関の状況について「個人がそれぞれの現場で責任を取りたくないから、なるべく不明瞭に、クリアにならないようにしているんでしょう。本当はものすごい負債を抱えているはずなのに、公表したくないし、本人も知りたくない」とシビアなとらえ方をした。左翼文化人として揶揄されることも多かった坂本だが、学生運動時代以来の現状を変えたいという思いを形を変えて持続させつつ、旧友の政治活動をみるなかで現実的な認識も有していたのだった。

東北ユースオーケストラに

大震災のあと、音楽をやることで、
みんながつらい毎日をなんとか乗りこえてこられたのかな、
と想像して、
あらためて音楽ってすばらしいな、
音楽をやっていてよかったなと、
みんなに教えられました。
ありがとう。

田中宏和『響け、希望の音　東北ユースオーケストラからつながる未来』2020年。

これは、2014年に東北ユースオーケストラが正式に発足したものの、中咽頭ガンが判明して療養せざるをえなくなり、同年8月のライヴに参加できなくなった坂本龍一が、ニューヨークから子どもたちに送ったメッセージの一部だ。東北ユースオーケストラとはなにか。その事務局長の田中宏和が歩みを語った『響け、希望の音　東北ユースオーケストラからつながる未来』に基づき、簡単にまとめよう。2011年に東日本大震災が起きた際、坂本は津波で流された楽器の映像を見て心を痛めた。音楽家として楽器復興のための基金を作れないかと、ヤマハや全国楽器協会などに相談し、「こどもの音楽再生基金」というプロジェクトに発展する。かかげられた内容は、被災学校の楽器の点検や修理、岩手・宮城・福島3県の子どもを元気づける活動。後者として、2012年より3県の学生による演奏活動が始まり、発起人の坂本はゼネラル・プロデューサーとしてピアノで合奏した。それが、東北ユースオーケストラの結成につながったのだ。

「教授」の愛称で知られる彼だが、オーケストラでは音楽監督の立場であり、子どもたちからは「監督」と呼ばれた。交流は、彼の死の間際まで続いたが、先述の通り、それは闘病と重なったのである。アメリカ在住の坂本は、体調が良好で都合がつけば来日して子どもたちを指導し、舞台で共演もした。だが、第1回定期演奏会には参加できず山下洋輔がピアノの代役を務めたほか、以後も調子が悪い時には周囲の助けを借りたり、コロナ禍にはZoomを利用して遠隔指導するなど、様々な方法で団員を支援した。子どもたちは東北ユースオーケストラが存在する意味を考え、有志が東北で演奏会を開くことも始まった。坂本の死後も彼の遺志を受け継ぎ、東北ユースオーケストラは活動している。

その活動と坂本のかかわりには大きく見て、震災後への対応と、次世代を教えるという2つの側面があったと考えられる。東日本大震災では原発事故が発生し、坂本は2012年7月の脱原発デモのスピーチにおける「たかが電気です」発言が注目されるなど、反原発の姿勢を鮮明にした。テクノ・ポップのようないわば電気を過剰に使った音楽で地位を確立し、電気の恩恵を受けてきた坂本の主張への批判も多かったが、彼は「お金より命です。経済より生命。子どもを守りましょう」ともいっていた。スピーチ全体を読めば、優先順位の問題を語っていたのであり、必ずしも電気を軽視したわけではない。

その際、「福島のあとに沈黙していることは野蛮だ」とも述べた彼は、実際に沈黙せず、いくつかのアクションを起こした。その1つが、坂本とASIAN KUNG-FU GENERATIONの後藤正文が中心となり開催した脱原発がテーマのロック・フェス「NO NUKES」（2012-2019年）である。1990年代から社会派的傾向を強めた坂本は、森林保全など環境問題に関心を示し、青森県六ケ所村核燃料再処理施設の建設についても2007年から自身が中心となり、「STOP ROKKASHO」のプロジェクトを立ち上げ、反対した。震災後の日本の状況は、坂本の反原発の意志を一段と強めることになったのである。彼は、震災・原発事故関連記事・書籍への談話などでの参加も多かった。

また、坂本と共演経験があったノイズ・ミュージシャンの大友良英《よしひで》、ロック・アーティストの遠藤ミチロウ、詩人の和合亮一が代表となり、原発事故があった福島の状況をみつめ、伝え、福島の未来を考えようという「プロジェクトFUKUSHIMA!」に、坂本はイヴェントで演奏に参加するなどして協力した。こちらは、東北の在住者や出身者が地元の人々に寄りそおうとしたものである。東北ユースオーケストラ発足に至る坂本の発想も、日本で生まれ育った者として、近い心情だったといえる。反原発という社会の選択の問題と並行して、被災地の子どもに寄りそうという人間の問題にとり組んだのだ。先の脱原発デモのスピーチで「子ども」に言及したことの延長線上の行動だろう。

一方、坂本は東京藝大の大学院出身だったゆえに高橋幸宏につけられた愛称「教授」が、広く定着した。彼は、様々な音楽について解説する役割を引き受け、後には音楽全集『commmons: schola』を監修している。また、2014年には母校の東京藝大で客員教授を務め、本当の教授になった。坂本の音楽をめぐる一連の啓蒙活動のなかには、自身のラジオ番組に送られた音源から新たなミュージシャンを見出したりしたほかに、子どもに教える場面もしばしばあった。1980年代に放送された糸井重里司会のNHKの番組「YOU」（テーマ曲は坂本作）や、『commons: schola』のテレビ版で同じくNHKで制作された「スコラ 坂本龍一 音楽の学校」では、集まった若者、子どもに簡単な指示を与えて自由度の高い形で演奏させ、音楽の楽しさを伝える試みをした。また、桐光学園中学校・高等学校編『高校生と考える希望のための教科書 桐光学園大学訪問授業』（2018年）には、生徒たちから質問を受け、坂本が音楽家としての経験を語った授業の記録が収められている。それらが企画ものへの参加という性格が強かったのに対し、東北ユースオーケストラは、坂本発で始まったものである。闘病など諸事情で思うような関与ができなかったにせよ、体が復調した時期には練習や合宿に加わり、子どもたちを直接激励した。

東北ユースオーケストラの定期演奏会には、吉永小百合が詩の朗読で参加するのが恒例であり、彼女が参加できなかった時に出演したのんも、よく参加するようになった。以前から坂本のピアノ伴奏で吉永が原爆詩の朗読をする機会があり、のんに関しては広島の原爆もあつかった戦争アニメ映画『この世界の片隅に』（2016年）への声の出演を評価した坂本が、演奏会への出演を希望したのだった。その意味で2人の俳優は、坂本の非戦の理念に親和性のある人選だった。

坂本は東北ユースオーケストラのため、2020年に「いま時間が傾いて」を作曲した。地震が発生した3・11をきっかけに結成されたことを踏まえ、11拍子の難しいリズムが使われている。しかも弦楽器は「4・4・3」、木管楽器は「3・3・3・2」など、パートごとに11の組みあわせが違う複雑さがあり、曲は11の鎮魂の鐘の音で終わる。震災がテーマだからといって、ことさら哀しいメロディにするのではなく、形式を重視した、現代音楽を通過した発想のスコアを与えたのは、子どもたちと真剣にむきあっていたからだろう。彼は翌年、シアターピース『TIME』を発表しており、同作と「いま時間が傾いて」は、「時間」という坂本の生涯のテーマを共有していた。

こうしてみると、東北ユースオーケストラは、彼の長年の問題意識や活動の様々な側面と結びついていた。同時にそれは、小学生の団員から「なんで坂本さんはいつも黒い服を着てるの？ カラスみたい」（『響け、希望の音』）といわれてしまうような素朴な、温かいふれあいでもあった。冒頭に引用した「音楽をやっていてよかったなと、みんなに教えられました」は彼の実感だろうし、晩年の大きな経験だっただろう。

坂本一亀に

子が親から受ける影響というのは、
文化的なものと遺伝的なものと両方あると思うのですが、
後者の方が、つまり父親の背中を見てどうとかではなく、
もともと生まれ持っている性質が受け継がれる
という形での影響の方が強いんじゃないかという気が、
最近はしています。

坂本龍一『音楽は自由にする』2009年。

坂本龍一の自伝『音楽は自由にする』（2009年）、『ぼくはあと何回、満月を見るだろう』（2023年）などによると、美術、音楽、動物の飼育を重視したカリキュラムが組まれた「自由学園」（ジャーナリストの羽仁吉一・もと子夫妻が設立）系の幼稚園に通ったのは、母・敬子の意向だという。帽子デザイナーだった彼女は、ファッショナブルでリベラルな考えがあった。幼稚園でピアノを弾かされたことは、龍一の音楽体験の入口となった。ウサギの世話をした気持ちを歌詞とメロディにすることが課題に出され、4、5歳の時に初めての作曲をしている。当時、特に好きではなかったピアノと音楽を以後の彼は一時的に離れた期間はあったにせよ学び続け、音楽家として歩み出す。最初に敬子のリベラルな教育方針がなければ、彼の人生は違ったものになったかもしれない。

父・一亀は文芸編集者で家にあまりおらず、いても原稿チェックをしていることが多かった。戦争経験者で寡黙な九州男児の父は癇癪《かんしゃく》持ちで偉そうにしており、息子にすれば怖く煙たい存在だった。対照的に社交的だった敬子とは、子どもの頃からなんでも話せる関係だったと龍一は語っている。小説家・天童荒太との対談集『少年とアフリカ　音楽と物語、いのちと暴力をめぐる対話』（2001年）で天童が小学校の時、母への思慕から彼女の服で女装した思い出を話すと、坂本も「母の鏡台で口紅を塗ったりした（笑）」と打ち明けた。塩崎恭久（後に自民党議員）は同じ高校に通った龍一の友人だが、当時の学生運動でストライキ当日の朝、遅刻した龍一に理由を聞くと「ママが起こしてくれなかった」といわれた話をしている（「FNNプライムオンライン」2023年4月20日）。

母には甘えていたらしい。『少年とアフリカ』では、中学生の時に将来はなにになりたいかとの問いに龍一が「ヒモ」と答えると、「女の人を喜ばせるのは大変なのよ。サラリーマンより大変かもしれないわよ」と母にいわれたと笑っていた。また、1970年代に龍一と交際していた大貫妙子は彼の母とも交流があり、2人が別れた時、「大貫さんと親しくしていた母が、龍一がお世話になったと会いに行ったようです」と『ぼくはあと何回、満月を見るだろう』に書かれている。確かになんでも話せる母子だったのだろう。

反対に話しづらかった一亀は、作家の原稿が気に入らないと叱りつける編集者であり、有能でありつつ部下から横暴と評された。大人になった龍一に怒ったこともある。YMOでメイクした息子を見た父は「ピエロにするために東京藝大にやったのではない」と激高し、ソロで沖縄民謡「安里屋ユンタ」を収録した際には「これがお前の音楽か」と独自解釈によるカヴァーという創作行為に理解を示さず、喧嘩になった。2009年に母が入院した際、龍一はアメリカへ戻る予定があったが知人の予言にしたがって日本滞在を延ばし、死に目には会えなかったものの母の死去を母国で迎えた。一方、2002年に腎臓を患った父の容態が悪化したと母から知らされた時には、帰国しても最期に立ち会えるとは限らないと海外ツアーを続けた。関係性の差が、選択の違いにあらわれたようにみえる。

この項目で掲げた坂本龍一の言葉は、父の死から7年後に刊行された『音楽は自由にする』からのもの。親の「文化的なものと遺伝的なもの」では後者をより強く受け継いでいると述懐し、仕草、表情、好み、考え方がそっくりになったと認めつつ、「なんかいやだなあとも思うんですが、でもやっぱり似ているんです」と語る息子は57歳になっていた。親子とはいえ母とは違った距離があり、父への尊敬と反発が混じった思いが感じられる。

一人っ子の息子に厳しかった一亀だが、龍一が『ラストエンペラー』でアカデミー賞作曲賞を受賞した時には感涙にむせんだという。また、大貫妙子がニューヨークに移住した龍一から父が寂しそうだからと頼まれ、彼の両親を自身のライヴに招待したと東京FMのプロデューサー・延江浩は証言している(「週刊朝日」2023年5月19日号)。

一亀の晩年に龍一は、河出書房新社(倒産からの再建以前は河出書房)で一亀の部下だった田邊園子に父の存命中に彼のことを書いてほしいと依頼した。そうして2003年に刊行された『伝説の編集者 坂本一亀とその時代』の田邊の文庫版あとがき(2018年)

によると、執筆した原稿を一亀がチェックし、本人の希望で死後に出版されたそうだ。父の仕事を評価していたゆえに息子は、依頼したのだろう。龍一は、文化的なものより遺伝的なものを強く受け継いだと語ったが、傍からみるとやはり、父からの文化的な影響は大きかったと思われる。

『坂本一亀とその時代』で一亀が編集者として相対した相手として言及されるのは、三島由紀夫、埴谷雄高、野間宏、高橋和巳などの作家、ルポルタージュも書いた小田実、批評家の平野謙など。いずれも戦争を経験し戦後文学を担った面々だ。それに対し、龍一と交流があった作家、批評家は、吉本隆明や柄谷行人など戦前・戦中生まれも含まれるが、戦後生まれで初めて芥川賞を受賞した中上健次、村上龍、浅田彰など、当然だが次の時代に活躍した人々が主である。一亀は1978年に河出を退社後、構想社を設立し編集者を続けたが、健康を害し1981年に引退する。龍一が出版社・本本堂を立ち上げ、未刊行図書の目録やカセットブック、長電話の書籍化といった企画を始めたのは1984年だ。一亀と同じく出版活動にかかわりながら、父ならばやらないであろう変化球を投げた。このへんは、大島渚から映画を撮れといわれても監督はやらなかったが、オペラやインスタレーションなど映像を用いたパフォーマンス、アートにとり組み続けたのと似ている。

龍一は、アムステルダムのコンサートでインドネシア出身のファンから、自分の父は戦争で日本人に殺されたが日本人全員を憎んではいない、少なくとも素晴らしい音楽を作るあなたを憎むことはできない、といわれたという。村上龍・坂本龍一『友よ、また逢おう』（1992年）では、その時、呆然とした龍一は「『僕はあなたのお父さんを殺してはいませんよ』なんてバカなことを言っていた」と書かれている。彼がこのやりとりを思い出す時、自分の「お父さん」が戦争経験者だったことは意識したはずだし、一亀が編集者として先の戦争とむきあった戦後文学にかかわり続けたのに対し、龍一は学生時代のベトナム戦争からイラクにおける湾岸戦争、アメリカ同時多発テロなどの時代を生きて非戦の理念を唱えたのである。ここにもある種の継承はあったのではないか。

龍一は、ガン闘病中に本を介した人物録『坂本図書』を連載し、死後の2023年に書籍化された。彼は生前に自身の本を多くの人と共有する構想を持っていた。2017年よりその構想を引き継ぎ、2023年から一般社団法人坂本図書が運営しているのが、「坂本図書」と命名された場だ。都内某所にあるこの図書空間は、完全予約制で龍一が所蔵していた本を手にとり、読むことができる。本だらけの編集者の家に生まれた彼は、本が集まった場所を残し、この世を去った。坂本一亀と坂本龍一は、本でつながっていた。

YMOの／と坂本龍一　「環境」と歴史、切断と継承の間で

坂本龍一の生前最後の〝コンサート〟を記録した『Ryuichi Sakamoto | Opus』（2024年）は、ガン闘病で体力の低下した彼が、1日に2、3曲ずつピアノのソロ演奏を撮影し、長編映画として編集したものだった。選ばれた20曲のなかには、イエロー・マジック・オーケストラ（以下YMO）のファースト・アルバム『Yellow Magic Orchestra』（1978年）で発表された坂本作曲「東風「Tong Poo」」も含まれていた。YMOでもソロでも、長年にわたってしばしば演奏した曲である。

坂本とYMOは、切り離すことができない。バンドの3人のうち2023年に高橋幸宏が70歳で、坂本が71歳で亡くなり、細野晴臣は2024年現在で77歳。今、YMOといえば、頭髪が白くなった3人が、穏やかにやりとりし演奏する光景が真っ先に思い浮かぶ。成熟し老いを受け入れた自然な姿である。だが、テレビなどで懐古的に流される1970年代末〜1980年代のYMOは、中国の人民服風なスタイルなどコンセプチュアルなファッションと意図的な無表情でテクノ・ポップの無機質性を印象づける様子だっ

たりする。イギリスのグラム・ロックのように化粧をした時期もあったし、アイドルのような振り付けで歌謡曲を演じたこともある。

テクノ・ポップと呼ばれた新奇なスタイルで人気を得つつ、当時の日本の音楽界における主流のあり方から逸脱する、パロディにするといった天の邪鬼な存在だった。だが、状況のすべてを本人たちが楽しんだわけではない。YMOのブレイク後、細野と坂本の関係は悪化し、その状態が、散開と称された1983年の解散を経て1993年の再生と銘打たれた再結成時にも再燃したことは、ファンなら知っている。晩年の穏やかな3人と、若い頃の外部に挑発的で内部に軋轢を抱えた3人ではかなり差異があり、一直線にとらえることは難しい。長い年月を経る間にある種の転換があったのであり、変化は坂本の例の「たかが電気」発言が多くの反発を招いた一因となったとも感じる。「YMOの／と坂本龍一」がテーマの本稿では、その変化をたどり直す。

YMOのなかでも最も変化が大きかったのは、坂本だろう。細野と高橋は、ポップ・ミュージックを聴いて育ち、はっぴいえんど、サディスティック・ミカ・バンドという日本のロック史に名を残すバンドを経験したうえでYMO結成に至った。以後のソロやユニット、バンドの活動も、それがエクスペリメンタルなものであっても、基本的にポップスの観点から行ったといっていい。一方、坂本は、東京藝術大学でクラシックを学んで大学院まで進み、前衛的な現代音楽に親しんでいた。そんな彼がスタジオ・ミュージシャンを始めてポップスの現場に飛びこみ、ＹＭＯで初めて本格的にバンド活動を体験した。以降の坂本は、ポップスの大衆性と現代音楽的な実験性との間を行き来し続けたのである。

ふり返れば初期の「Tong Poo」には、ポップとクラシックにまたがる坂本の二面性が現れていた。同曲では、コンピュータに統御されたテクノ・ポップのなかに、クラシカルに響くピアノ演奏が挿入されている。後年の坂本は、同曲をピアノのソロでアレンジを変え、披露していた。１９７０年代当時、リズムボックスの機械的なビートに興味を持った細野が、マーティン・デニーのエキゾティカ・サウンドを、シンセサイザーを使ったディスコ・ミュージックでカヴァーして世界的ヒットを狙う構想を立て、高橋と坂本が乗ったのがＹＭＯの出発だった。だが、テクノ・ミュージックのパイオニアであるドイツのクラフトワークの手法をＹＭＯに持ちこみ、シンセを用いるだけでなくコンピュータの自動演奏にメンバーの演奏を同期させる方向性を導入したのは、坂本だという。彼は、現代音楽における電子音楽の試みに関心があり、ソロとしてのメジャー・デビュー作『千のナイフ Thousand Knives』（１９７８年）では、テクノの手法を大々的に用いた。ＹＭＯのデビュー作より1ヵ月早く発売された同作では、細野がライナーノーツに寄稿し、ジャケット写真で坂本のスタイリストを務めたのは高橋だった。『千のナイフ』のタイトル曲や「The End Of Asia」はYMOのライヴで演奏されるなど、坂本、YMOのデビューは一連なりの出来事だったといえる。

僕は、自分を消すためにコンピュータを使いたかった。

『skmt 坂本龍一』1999年

坂本は、当時をそう表現している。細野は、初期のYMOは匿名的な音楽を目指したとも語っていた。アーティストならば個性的であろうとするはずだという常識に反することをして、彼らは面白がっていたのだ。坂本と高橋はYMOを始めた時期に渡辺香津美を中心とするフュージョンのプロジェクト、KYLYNに参加してもいた。だが、YMOの3人はいずれも優れた演奏能力を持ちながら、コンピュータとの同期によって人間味を希薄化して匿名化し、人間の演奏能力を無効化するようなテクノを自分たちの本筋の表現として選んだ。時代の技術の限界もあり、今聴くと自動演奏比率は意外に低く、特にライヴでは人力演奏が多くを占める。だが、当時は音色もビートも新奇に感じられたのだ。

イギリスやアメリカでの公演成功が伝えられ、セカンド『Solid State Survivor』（1979年）からシングルの「Technopolis」、「Rydeen」がヒットする過程でメンバーは人気者になる。オリコンチャートで1位を獲得し、ブームを決定づけたライヴ作は『公的抑圧 Public Pressure』（1980年）と題されていた。無機質で匿名的であることが、逆に特異な個性として注目される。本人たちにとって捻じれた状況だ。彼らは抑圧を感じ、坂本は有名になることへの反発を抱いて精神状態が悪化した。異なる思考や嗜好のメンバーが共同でモノを作るバンドの経験が初めてだった彼はストレスを溜め、細野との関係は緊張が高まる。

この時期に坂本がソロで発表したのが、『B-2 Unit』（1980年）だ。「YMOをいわば仮想敵にして作りました」、「YMOにはできない過激なものを作ろう」という意識があったと坂本は『音楽は自由にする』（2009年）で回想している。ダブの影響下で作られ、ノイジーなサウンドである。だが、そんな反・YMOを打ち出した同作を細野と高橋は評価し、収録曲「Riot In Lagos」は、敵だったはずのYMOのツアーで演奏される。ここでもYMOと坂本のソロは一連なりとなり、両者は分割できないと逆に証明した形だ。

次いで発表されたYMO『BGM』（1981年）は、周囲が期待するメロディアスな従来路線ではなく、その時点でメンバーが興味のあることに取り組む方針でレコーディングされ、実験的な作風となった。だが、同作での坂本は、自身のソロ曲の解体ヴァージョン（「Happy End」）、リメイク（「1000 Knives」）で応じるなどサボタージュ気味だ。「Happy End」の件は、はっぴいえんど出身の細野への悪態に見えたりもした。

それらがガス抜きになったのか、次作『Technodelic』（1981年）は3人で実験的な方向性をより追求し、YMOとしてできることはやりつくした境地に達して解散を決める。ヴォーカル曲を中心にした以後の活動は、ラスト・アルバムのタイトル通り、『Service』（1983年）のようなものだった。

既存の音楽のような肉体に根差した個性や演奏能力をテクノの手法で否定する。そうして成立したYMOのテクノ・ポップに現代音楽経由の実験性で反旗を翻す。クラシックにもポップ・ミュージックにも批判的な視点を持つ。当時の坂本の発言を読むと、様々なものに否定的意見を吐き、反抗に反抗を重ねて先鋭化していった印象がある。

坂本は、音楽の毒についてよく語っていた。例えば、「〝毒〟を盛るっていうことは、聴いて楽しいということなんだけどね」、「人を触発するということには、プラスとマイナスの面がある。でもなおかつ〝毒〟を盛っても触発したいと思った」（『YMO BOOK

OMIYAGE』（1981年）と話している。〝毒〟には伝統や慣習の踏襲、大衆性も関わってくるだろうが、芸能であるポップ・ミュージックの場合、作品だけでなく作者も消費の対象となる。坂本は、YMOで有名になり「抑圧」される過程で、先輩ミュージシャンである細野との関係が悪化したが、むしろ彼に芸能の〝毒〟を注入したのは、彼と細野の仲をとり持った同じ歳の高橋だった。

長髪に着古したジーパン、ゴムサンダルでファッションやヘアスタイルに無頓着だった坂本に、『千のナイフ』のジャケット撮影用に髪を切らせ、アルマーニのジャケットを着せたのは高橋である。「あぶさん」、「アブ」と呼ばれていた坂本に「教授」の愛称を与えたのも彼だ。芸能の〝毒〟を盛ったのである。それが、YMO時代にアイドル的な人気まで盛りあがった坂本のイメージの出発点である。

また、YMOはデビュー時からメンバーの言動にもサウンドにもコミカルな要素を取り入れ、『増殖X∞Multiplies』（1980年）や『Service』では曲と曲の間にコントを挿入した。漫才ブームだった当時、トリオ・ザ・テクノを名乗りお笑い番組に出演したこともある。メンバー間が険悪な時期でも、YMOのどこか冗談めいたイメージは維持された。

一方、YMOの散開後もメンバー個々の存在感が大きかった1980年代には、お笑いや歌謡曲への参入、国内外のミュージシャンとの交流だけでなく、メンバーとファッション、アート、アカデミズム、文学など他の様々なカルチャーとの結びつきがみられた。

坂本はとりわけその種の交流が多く、コピーライター・ブームの中心だった糸井重里に作詞を依頼し、作家の村上龍とともに対談のホストを務め、吉本隆明、浅田彰、柄谷行人などやはりブームになっていた現代思想の批評家たちと言葉を交わした。雑誌「スタジオ・ボイス」が1992年12月号で「YMO環境以後」と題した特集を組んだが、YMOと同時代の新しいカルチャーが連動した「環境」が形成された時期はあったのだ。先述の坂本の反抗に反抗を重ねる姿勢は、伝統や慣習を切断したい願望を含んだものだが、彼は多方面と接続しようともしていたのである。

「YMO環境」という意味で大きかったのは、アメリカの社会学者エズラ・ヴォーゲルが日本的経営を評価した著書『ジャパン・アズ・ナンバーワン』（1979年）が話題になった時期と、YMOの海外公演成功報道の時期が重なったことだ。日本から自動車やテレビが輸出されたのに続き、次はソフトウェアをという日本文化待望論があったのだろうと、坂本は『音楽は自由にする』で思い返していた。

ぼくは、自分たちがその流れに乗って、役割を演じているように感じ始めていました。ささやかな規模ではあるけれど、日本を背負っているみたいな感じすらした。そして、それがすごくいやだった。

初期YMOのシングル・ヒットといえば高橋作「Rydeen」と坂本作「Technopolis」である。題名やジャケットからしてロボット・アニメ的なイメージづけがされていた前者に対し、電子的に変調された声で「トキオ、トキオ」と海外での東京の呼ばれ方を発して始まる後者は、日本の首都の国際都市化を反映し、テクノロジーに支えられたこの国の経済発展をシンボリックに表現していた。

YMO散開から3年後の1986年には、1980年代の日本のイメージを決定づけたバブル景気がスタートする。散開の1983年に大島渚監督の映画『戦場のメリークリスマス』に出演してデヴィッド・ボウイと共演し、担当した音楽が評価された坂本は、1987年にベルナルド・ベルトルッチ監督の『ラストエンペラー』に出演し、デヴィッド・バーンらとともに担当した音楽でアカデミー作曲賞やグラミー賞、ゴールデングローブ賞の該当部門を受賞し「世界のサカモト」と称され始める。彼は1989年にヴァージン・アメリカと契約してニューヨークへ拠点を移した。『千のナイフ』、『Yellow Magic Orchestra』で中国や沖縄の音楽の要素を組み入れるなど、民族音楽への関心を示していた彼は次第にその路線を深め、ヴァージン移籍第1弾『Beauty』（1989年）は、ワールド・ミュージック色の強い内容になる。坂本の成功の道程は、日本経済の好調や国際化と歩調をあわせるかのごときものだったし、1980年代を象徴する一人だった。

しかし、日本も坂本も挫折する。1991年のバブル崩壊後、この国の景気は長期にわたり低迷する。坂本は、ヴォーカル入りのポップ・ミュージックのフォーマットで『Beauty』、『Heartbeat』（1991年）を制作したが商業的に成功せず、ヴァージンとの契約は終了（エレクトラに移籍。その後、日本でワーナーに移籍した際、海外はソニー・クラシカルに契約移行）。日本でgutレーベルをフォーライフと立ち上げ、2作を発表するが行きづまりは否めず、1990年代後半以降、ポップ・ミュージックに寄せた内容でのオリジナル・アルバム発表は『Chasm』（2004年）のみとなる。

その間には、1993年のYMO再生もあったが、メンバーの自発的な行動ではなく、周囲のお膳立てで再結成せざるをえなくなったのだった。そして、YMOに×印を付け「ノットYMO」と読ませる形で発表されたのが『Technodon』（1993年）である。契約上の理由でＹＭＯを名乗れなかったためだが、過去のテクノ・ポップの焼き直しを避けたかったメンバーの意向に見合っていたように思う。彼らは同時代のダンス・ミュージックとしてのテクノ、ハウス、アンビエントを意識したサウンドを構築しつつ、高橋と細野のヴォーカル、音楽的教養に基づく単純ではないアレンジといった部分でＹＭＯらしさを演出した。だが、彼らはもはや反抗する側ではなく反抗される側だったのだ。旧来の教養や演奏能力がなくても、プログラミングやサンプリングでアイデアと感性を活かせる。そんなダンス・ミュージックとしてのテクノを称揚する側には、ＹＭＯがテクノ代表として振る舞うことへの苛立ちがあった。次世代のテクノとテクノ・ポップの違いを主張した石野卓球と野田努の対談『テクノボン』（１９９４年）は、その代表例だろう。若い世代にとってＹＭＯやテクノ・ポップは、切断すべき伝統、慣習になっていたのだ。

１９８０年代にはＹＭＯと前後してビートたけしなどが活躍した漫才ブーム、コピーライターへの注目、ニューアカデミズム流行といった周辺カルチャーの偶発的な隆盛があり、連動していった。だが、そうした「ＹＭＯ環境」が失われた１９９０年代の『Technodon』では、坂本の求めでウィリアム・バロウズ、ウィリアム・ギブソン、細野の希望でジョン・Ｃ・リリーというサブカルチャーの重要人物のモノローグが挿入され、「環境」があるかのごとく演出された。

アルバムの録音では、坂本が「今ニューヨークではそうじゃないんだよ」という調子でハウス独特のテンポや音色をほかの二人に押しつけたという(『音楽は自由にする』)。それ以前にニューヨーク在住の坂本がハウスを意識して作った『Heartbeat』が現地で成功しなかったのだから、彼は意地になっていたのかもしれない。結果的にYMOの再生は、バンドの過去の歴史、周辺カルチャー、違う世代とうまく接続できず、孤立したイヴェントとなってメンバーに苦い記憶を残す。

1995年のソロ作『Smoochy』を区切りに坂本は、ポップのフィールドから一歩引いた形になっていく。だが、アカデミー作曲賞受賞以後の「世界のサカモト」として映画音楽の分野では国内外で活躍し続けたし、クラシックや現代音楽を熟知したアーティストとしての作曲活動やピアノ中心の演奏活動は旺盛に行った。その時代に生まれた彼のヒットが「energy flow」(1999年)である。サラリーマン向けのドリンク剤のテレビCMで流れたメロディアスなピアノのインストゥルメンタルは、癒しの曲だと語られた。テクノロジーを支えに輸出や海外投資が活況だった日本経済が長期低迷に陥り、人々が疲弊している。それに対し、電子音が跳ね踊るテクノ・ポップで人気者だった坂本が、海外での挫折後にアコースティックな響きを聴かせる。「energy flow」には、そのような同期が起きていた。

2000年代以降の彼は、電子音楽に関してグリッチ音などノイズや偶発性を取り入れたエクスペリメンタルなエレクトロニカの方向に進む。同じくエレクトロニカの影響で細野と高橋が始めたユニット、スケッチ・ショウに坂本から接近して『AUDIO SPONGE』(2002年)にゲスト参加し、共演の機会が増えてからは、HUMAN AUDIO SPONGE、HASYMOなどと名乗りつつ、3人でライヴや新曲録音を行うようになる。『Technodon』の苦い経験が、彼らにYMOになることをためらわせ、再生より前の代表曲を演奏することについても控えめな態度をとらせていた。だが、しばらくするとイエロー・マジック・オーケストラを名乗り、ライヴで過去の作品も多く選曲し始める。「Riot In Lagos」、「Tibetan Dance」(『音楽図鑑』1984年)、「War & Peace」(『Chasm』)といった坂本のソロ作をバンドでとりあげ、彼とYMOが一連なりと感じさせたのも以前の通りだ。

『Technodon』の際にはダンス・ミュージックとしてのテクノやハウス、スケッチ・ショウ以降はエレクトロニカといった同時代の電子音楽を意識し、過去のYMOから演奏するにしてもそれを意識して選曲、アレンジした。だが、YMOを再々結成して時間が経つと、機材や音色は違っても、オリジナルにわりと近いイメージで披露するようになっていった。エレクトロニカへの接近は、ライヴで楽器を演奏するというより機器を操作して音を発する方向に傾きがちだったが、次第にベースの細野、ドラムの高橋、キーボードの坂本という形でバンドのグルーヴを響かせ始めた。自動演奏を軸にして匿名的なテクノ・ポップを志向した時には否定的にあつかった演奏能力や個性を、素直に聴かせるようになったのだ。『Technodon』の時点で、次の世代から反抗される慣習を生み出した歴史や伝統に、彼ら自身がなり始めていた。以後は、その傾向がさらに強まる。はっぴいえんどは1970年代初頭に日本語のロックに取り組み実績を残したバンドだったが、1980年代に元メンバーだった細野がYMOで、大瀧詠一がソロで、松本隆が作詞家として大成功したのに伴い、彼らの過去を逆算してより神格化されたところがある。高橋がいたサディスティック・ミカ・バンドもそうだろう。彼ら自身が意図しなくても、権威を帯びていったのだ。

2012年の脱原発デモにおける坂本の「たかが電気」発言は、少なからぬ反発を浴びた。1980年にYMOがテクノ・ポップで人気を得た際、あんなものは電気を止めれば終わりだという類の揶揄があった。それに対し、シンセやコンピュータを排除しても、電気がなければエレキ・ギターをはじめマイク、アンプ、スピーカーなどは使えず、ポップ・ミュージックは成立しないといった冷静な反論もあった。電気はそれだけ人々の生活の基盤になっている。ただ、生音の比率が少ないテクノ・ポップが、普通以上に電気を使ったのは確かだろう。テクノ・ポップは、マネーゲームだけでなくテクノロジーに支えられた日本経済が、バブル景気に突入したことと連動した音楽表現だった。先行世代が経済成長不要論を唱えれば、成長の恩恵を得られなかった若い世代から既得権益者の勝ち逃げと責められる。それと似た構図が、「たかが電気」発言への批判にもあったと推察する。

ソロとしてはポップから距離を置くようになった坂本の後年の大きな仕事の一つに『commmons: schola』があった。クラシックと非クラシックを問わず、テーマごとに彼が監修した音楽全集であり、テレビ版としてNHK Eテレで「スコラ 坂本龍一 音楽の学校」(2010-2014年)が放送された。回によってはゲスト講師として出演したYMOが、ビートルズ、スライ&ザ・ファミリー・ストーンといったポップ・ミュージックの古典をカヴァー演奏したのである。

一方、かつてのテクノ・ポップ流行の最中には、YMOにおける坂本の代表曲の筆頭には、同時代の日本の国際化も象徴した「Technopolis」がよくあげられていた。だが、その後は、もともと海外公演で好評で、コード進行などがR&B的であることが理由とされた

「Behind The Mask」が、代表曲として語られることが増える。世界的なポップ・スターだったマイケル・ジャクソンが、1980年代に同曲を録音し、契約条件などの問題で当時は未発表だったものの、2010年に彼のカヴァーが公式リリースされた（1986年にエリック・クラプトンのヴァージョンは発売されていた）そうしたR&Bやポップの歴史のなかで「Behind The Mask」は評価されるようになったのだ。

晩年の坂本は音楽の伝統の語り部となり、YMOはポップの慣習を受け継ぎ、次代に手渡す役割を引き受けたように思える。若い頃の伝統や慣習を切断したがる反抗の態度は遠いものとなり、ほかのカルチャーと接続する「YMO環境」が失われた代わりに、音楽の歴史のなかに自らを位置づけなおした形だ。並行して坂本は、先輩の細野に対し反抗から尊敬の素直な表明へと態度が和らいだ。それが、私からみたYMOの／と坂本龍一の歩みだった。かつて批判した対象＝伝統・慣習に自身が似るようになるのは皮肉な成りゆきだが、人として真っ当な成熟でもある。切断と継承がせめぎあった彼らの一連の活動には、今でも複雑な思いを抱いている。

初出『ユリイカ12月臨時増刊号　総特集 坂本龍一 1952－2023』2023年

主要参考文献一覧

坂本龍一『本本堂未刊行図書目録　書物の地平線』1984年、朝日出版社

坂本龍一『SELDOM-ILLEGAL 時には、違法』1991年、角川文庫

坂本龍一『音楽は自由にする』2023年、新潮文庫

坂本龍一『ぼくはあと何回、満月を見るだろう』2023年、新潮社

坂本龍一『坂本図書』2023年、坂本図書

高橋悠治、坂本龍一『長電話』1984年、本本堂

村上龍、坂本龍一『EV.Café　超進化論』1985年、講談社

村上龍、坂本龍一『友よ、また逢おう』1992年、角川書店

坂本龍一、村上龍『モニカ　音楽家の夢・小説家の物語』1996年、新潮社

村上龍、坂本龍一『村上龍と坂本龍一　21世紀のEV.Café』2013年、SPACE SHOWER BOOKs

KEN & SHO、坂本龍一『ザ・ゲイシャ・ガールズ・ショウ　炎のおっさんアワー』1995年、幻冬舎

坂本龍一、後藤繁雄『skmt 坂本龍一』1999年、リトル・モア

坂本龍一、天童荒太『少年とアフリカ　音楽と物語、いのちと暴力をめぐる対話』2001年、文藝春秋

辺見庸、坂本龍一、「小説トリッパー」編集部編『反定義　新たな想像力へ』2002年、朝日新聞出版

坂本龍一監修＋sustainability for peace『非戦』2001年、幻冬舎

坂本龍一監修『commmons: schola vol.2 Yosuke Yamashita Selection: Jazz』2009年、エイベックス・マーケティング

坂本龍一、中沢新一『縄文聖地巡礼』2010年、木楽舎

坂本龍一、高谷史郎著、浅田彰監修『LIFE-TEXT』2010年、NTT出版

坂本龍一、竹村真一『地球を聴く　3・11後をめぐる対話』2012年、日本経済新聞出版

坂本龍一、鈴木邦男『愛国者の憂鬱』2014年、株式会社金曜日

東京新聞編集局編『坂本龍一×東京新聞　脱原発とメディアを考える』(2014年)

坂本龍一、福岡伸一『音楽と生命』2023年、集英社

松井茂・川崎弘二編著（坂本龍一インタビュー）『坂本龍一のメディア・パフォーマンス　マス・メディアの中の芸術家像』2023年、フィルムアート社

佐々木敦『「教授」と呼ばれた男　坂本龍一とその時代』2024年、筑摩書房

山下邦彦編『坂本龍一・全仕事』1991年、太田出版

山下邦彦編著『坂本龍一・音楽史』1993年、太田出版

『ミュージック・マガジン増刊2023年6月号　坂本龍一　本

当に聴きたい音を追い求めて』２０２３年、ミュージック・マガジン
『ユリイカ２０２３年12月臨時増刊号　総特集 坂本龍一 1952-2023』２０２３年、青土社
『ＹＭＯ読本　OMOYDE』２００３年、ソニー・ミュージックハウス
田中雄二『シン・ＹＭＯ　イエロー・マジック・オーケストラ・クロニクル１９７８〜１９９３』２０２２年、ディスクユニオン
田邊園子『伝説の編集者 坂本一亀とその時代』２０１８年、河出文庫
坂本美雨『ただ、一緒に生きている』２０２２年、光文社
田中宏和『響け、希望の音　東北ユースオーケストラからつながる未来』２０２０年、フレーベル館
浅田彰『ヘルメスの音楽』１９８５年、筑摩書房
『ＫＡＷＡＤＥ夢ムック　文藝別冊　総特集　忌野清志郎　デビュー40周年記念号』２０１０年、河出書房新社
大島渚（高崎俊夫編）『わが封殺せしリリシズム』２０２３年、中公文庫
大友良英ほか『クロニクルFUKUSHIMA』２０１１年、青土社
大森荘蔵『大森荘蔵著作集　第十巻　音を視る、時を聴く』１９９９年、岩波書店
柄谷行人『隠喩としての建築』１９８３年、講談社
柄谷行人・絓秀実編『中上健次発言集成２』１９９５年、第三文明社
柄谷行人他、ＮＡＭ学生編『ＮＡＭ生成』２００１年、太田出版
柄谷行人『柄谷行人発言集　対話篇』２０２０年、読書人
小泉文夫ほか『音のなかの文化』１９８３年、青土社
瀬戸内寂聴他『脱原発とデモ　そして、民主主義』２０１２年、筑摩書房
『シネマファイル　戦場のメリークリスマス』１９８３年、講談社
ＷＯＷＯＷ「ノンフィクションＷ」取材班、吉村栄一『「戦場のメリークリスマス」知られざる真実「戦場のメリークリスマス30年目の真実」完全保存版』２０２１年、東京ニュース通信社
谷川俊太郎『谷川俊太郎が聞く　武満徹の素顔』２００６年、小学館
筑紫哲也編『若者たちの神々　筑紫哲也対論集　Part 1』１９８４年、朝日新聞出版
金平茂紀『筑紫哲也「ＮＥＷＳ23」とその時代』２０２１年、講談社
桐光学園中学校・高等学校編『高校生と考える希望のための教科書』２０１８年、左右社
もんじゅ君『もんじゅ君対談集　３・11で僕らは変わったか』２０１４年、平凡社
蓮實重彥『映画狂人のあの人に会いたい』２００２年、河出書房新社
吉永剛志『ＮＡＭ総括』２０２１年、航思社
吉本隆明『吉本隆明全対談集11』１９８９年、青土社

おわりに

本書は、坂本龍一をテーマに大学の卒論を書いたというぱる出版の原田陽平氏から「坂本龍一語録の解説を」との企画で依頼があったのに対し、私が、誰かにむけた「対話のなかの言葉」を選ぶのはどうかと提案し、できあがった。そう提案をしたのには理由がある。

私の初の単著は、2003年刊『YMOコンプレックス』(平凡社。現在も電子書籍で購入可能)だった。「コンプレックス」というと日本語ではまず劣等感を連想するだろうが、英語のcomplexは「複雑な」、「複合の」のほか、「コンビナート」の意味も持つ。1980年代のYMO人気は、音楽が話題になっただけでなく、現代思想、漫才、コピーライター、サブカルチャー雑誌、文学、ファッションなど、同時代の様々な分野と連動したものだった。そうしたYMO現象を中心に置き、テクノという手法の変遷を軸に周辺カルチャーの推移とあわせて論じたのが、『YMOコンプレックス』だった。私は、いろいろな設備がパイプなどで結びついたコンビナート＝complexとのアナロジーで、YMO現象をとらえたのである。同書から21年後の本書を、様々な他者との関係から坂本龍一を読み解く内容にしたのは、『YMOコンプレックス』と同様に彼をcomplexの結節点としてとらえる意識があったからだ。

ただ、様々なジャンルとのかかわりから対象を考察する点は同じでも、21年の歳月を経て前書と大きく異なるところがある。それは、時間経過に伴う変化ということだ。本書ではいろいろな時期での坂本の発言をとりあげている。若い頃と晩年で彼が考え方を変えたことがらは少なくない。本人も回想録などで自身の変化にしばしば言及したし、本書ではなるべくそうした発言をとりあげた。通常、本文で特定の書籍に言及する際、刊行年は初出の時だけ記し、後は省略する。だが、本書では、各人物の項目ごとの初出で刊行年を記した。語られた出来事と、それを回想した本人の言葉との時間的距離をとらえやすくするためだ。どの項目からでも読めるようにという配慮でもある。また、音楽、文化、社会とテーマ別の章立てで、坂本が対峙した相手ごとに項目をまとめたので、年代順の記述ではない。このため、補論として既発表の通史的原稿「YMOの／と坂本龍一」を加えた。

坂本の言葉のなかには、過去と後年で矛盾しているように思われるものがある。若い頃と晩年で、必ずしもどちらが正しいといいきれないところもある。学究的、社会派的な談話の一方で乱暴な発言、失言も残している。そうした多面性に気を配った。同時代と格闘し続けたアーティストであるだけに、彼の変化が日本や世界の変化を映していた面もあるのが、興味深い。そうであるとともに、時代を越える表現を求めた人でもあった。私は、坂本が「時間」を生涯のテーマとしたことを意識しつつ、この本を書いたのだった。

円堂都司昭（えんどう・としあき）

1963年生まれ。文芸・音楽評論家。1999年、「シングル・ルームとテーマパーク 綾辻行人『館』論」で第6回創元推理評論賞を受賞。2009年、『「謎」の解像度 ウェブ時代の本格ミステリ』で第62回日本推理作家協会賞と第9回本格ミステリ大賞を受賞。他の著書に『YMOコンプレックス』（平凡社）、『ソーシャル化する音楽「聴取」から「遊び」へ』（青土社）、『意味も知らずにプログレを語るなかれ』（リットーミュージック）、『ポスト・ディストピア論 逃げ場なき現実を超える想像力』（青土社）、『物語考 異様な者とのキス』（作品社）、共著に『バンド臨終図巻』（河出書房新社）など。

坂本龍一語録《さかもとりゅういちごろく》

教授《きょうじゅ》の音楽《おんがく》と思考《しこう》の軌跡《きせき》

2024年12月3日　初版発行
2025年 1 月8日　2刷発行

著　者　円堂　都司昭
発行者　和田　智明
発行所　株式会社　ぱる出版

〒160-0011　東京都新宿区若葉1-9-16
03(3353)2835ー代表
03(3353)2826ーFAX
印刷・製本　中央精版印刷(株)
本書籍に関するお問い合わせ、ご連絡は下記にて承ります。
https://www.pal-pub.jp/contact

ISBN978-4-8272-1481-9　C0034